예비 교사를 위한 온라인 수업 100문 100답
현직 교사들이 알려주는 임용고시 면접비책

예비 교사를 위한 온라인 수업 100문 100답

현직 교사들이 알려주는
임용고시 면접비책

고유라·김동욱·박광한·신윤정·이지영 지음

학교
도서관
저널

 추천사

함께 고민하며 배움을 나누는 일은
최고의 응원이자 격려입니다

"학급 경영에 대해 같이 모임을 하면서 연구해볼 분들 계실까요?"

2019년 2월에 각 교과 단톡방에 전달된 이 한 문장이 선생님들과 저를 이어주었습니다.

평소 능력 있는 저경력 선생님들이 학교에 적응하는 데 필요한 도움을 제대로 받지 못하고 온갖 시행착오를 겪다가 상처받고 지쳐가는 것을 보면서 어떻게든 이들을 도와야겠다고 생각했습니다.

비록 현장을 잘 모르고 경험은 다소 부족하더라도 현재 마주한 어려움과 난관을 잘 넘어서 학생들을 좀 더 잘 돌보고 잘 가르치며 나아가 교사 자신도 행복한 학교생활을 하고자 모인 선생님들의 열정은 참으로 대단했습니다. 선생님들은 학급 경영과 온라인 수업에 대한 고민을 나누고 서로 격려하며 응원해주는 든든한 동료가 되었습니다. 다른 선생님의 고민도 내 고민처럼 듣고 공감해주는 모습을 보면서 아직 학교에는 희망이 있다는 생각을 했습니다. 등 뒤에 나를 지켜보는 든든한 동료들이 있다는 사실에 힘입어 선생님들은 순식간에 눈부시게 성장하기 시작했습니다. 어느새 도움을 받는 사람에서 도움을 주는 단계까지 이르렀죠.

선생님들은 2020년 온라인 수업이라는 사상 초유의 상황을 맞아서도 당황하지 않고, 자신감 있게 열린 마음으로 지금 할 수 있는 것을 찾아 적극적으로 시도해보고 배우면서 장애물을 하나씩 넘었습니다. 이렇게 배우고자 하는 열린 마음은 선생님들이 정말 빨리 성장할 수 있도록 도왔습니다. 결국 가장 중요한 것은 포기하지 않고 자신이 할 수 있는 일을 찾아서 지금 바로 시작하는 일입니다.

선생님들이 임용고시를 준비하는 예비 교사들을 위해 온라인 수업 면접책을 쓴다는 얘기를 들었을 때 저는 놀랐습니다. 자신들이 경험하고 배운 것들을 후배에게 전달해서 조금이나마 도움이 되고자 하는 그 마음이 너무 고왔기 때문입니다. 자신이 배운 내용을 아낌없이 전해주고자 하는 그 마음이 바로 제가 선생님들께 전달해드리고 싶었던 마음이었습니다.

우리 선생님들의 열정과 마음이 예비 교사들께 고스란히 전달되어 선생님들이 교직을 시작하는 데 밝은 등불이 되었으면 좋겠습니다.

- **손지선**(서울 양서중 교사, 『교사가 진짜 궁금해하는 온라인 수업』 대표저자)

 **머리말**

교육 현장의 최고 키워드
'온라인 수업'

　2020년 2월, 코로나가 확산되면서 등교도 연기되었습니다. 혼란스러운 분위기 속에 선생님들끼리 이러다 온라인 수업 하는 날이 올지도 모르겠다는 이야기를 나눴습니다. 한 달 정도의 시간이 흘러 2020년 봄, 온라인 개학과 함께 온라인 수업이 시작되었고 학교 현장은 이로 인해 많은 혼란과 어려움이 있었습니다.

　이러한 어려움을 집단지성의 힘으로 해결하고자 온라인 수업을 연구하는 단톡방에 많은 선생님들이 모였습니다. 단톡방을 통해 전국의 선생님께 온라인 수업으로 인한 어려움과 궁금증이 무엇인지 설문조사를 했습니다. 이 설문조사를 바탕으로 남들보다 조금 일찍 온라인 수업을 준비하면서 알게 된 노하우들을 책 『교사가 진짜 궁금해하는 온라인 수업』에 담았고 감사하게도 베스트셀러가 되었습니다.

　갑자기 맞이한 온라인 수업 시대, 학교 현장은 확연히 달라졌습니다. 조만간 코로나가 종식되더라도 온라인과 오프라인의 장점을 결합한 블렌디드 러닝이 확대될 것이며, 전염병이나 재난 상황에서 언제든 온라인 수업은 이어질 것입니다. 이렇듯 교육 환경이 급변하면서 예비 교사들이 느끼는 혼란과 어려움 또한 상당할 것이라 생각합니다.

  2020년 온라인 수업으로 어려움을 겪는 선생님들을 위해『교사가 진짜 궁금해하는 온라인 수업』을 썼던 것처럼, 온라인 수업 관련 이슈가 궁금할 예비 교사와 임용 수험생에게 도움을 드리고자 이 책을 쓰게 되었습니다. 저자들 모두 교직경력 2~3년 차로, 막막했던 지난 수험생 시절을 떠올리며 온라인 수업 외 면접 준비할 때 도움이 될 내용도 담았습니다. 진심으로 이 책이 예비 교사들께 도움이 되길 바라며 아래 시의「예쁜 꽃」처럼 신규 교사와 선배 교사로서 곧 학교 현장에서 만나길 기원합니다.

봄이에게

박치성

민들레가 어디서든 잘 자랄 수 있는 건
어디로 데려갈지 모르는 바람에
기꺼이 몸을 실을 수 있는
용기를 가졌기 때문이겠지

어디서든 예쁜 민들레를 피어낼 수 있는 건
좋은 땅에 닿을 거라는 희망을 품었고
바람에서의 여행도 즐길 수 있는
긍정을 가졌기 때문일거야

아직 작은 씨앗이기에
그리 조급해하지 않아도 괜찮아
그리 불안해하지 않아도 괜찮아

넌 머지않아 예쁜 꽃이 될테니까

 **차례**

추천사 04

머리말 06

현직 교사가 알려주는 면접 꿀팁 "우리는 이렇게 했어요!" 11
면접 준비할 때 12 | 면접 당일 15 | 면접 태도 17 | 답변은 이렇게 19
사립학교 면접 꿀팁 22

PART 1 ― 교직 철학: 교사의 역할 25

PART 2 ― 온라인 수업 39

1. 온라인 수업의 의미
온라인 수업의 장점 40 | 진정한 배움으로 나가기 위한 방법 42
온라인 수업의 미래 45 | 온라인 수업의 단점 46
원격수업에 대한 인식 제고 47

2. 온라인 수업 준비
저작권과 초상권 교육 48 | 디지털 리터러시 격차 55
온라인 수업 진행을 위한 사전 교육 59 | 수업 기획 및 수업 단계 설계 61

3. 온라인 수업 중
출석 체크 65 | 동기 부여 67 | 온라인 수업 중 학생들과의 소통 70
기초학력 부진 72 | 학력 격차 74 | 자유학년제 77 | 블렌디드 러닝 79
돌발상황 대처 82

4. 온라인 수업 후
이해도 파악 84 | 피드백 85 | 과제를 하지 않는 학생 86 | 과정중심평가 89

PART 3 — 온라인 학급 경영　91

1. 담임 활동
담임 철학 92 | 조·종례 방법 96 | 공지사항 전달 방법 101
자기주도 학습 분위기 형성 102 | 의미 있는 임원활동 103

2. 학생과의 소통
수업 관련 학생 민원 106 | 수업 독려 107

3. 학부모와의 소통
수업 관련 학부모 민원 108 | 학부모와의 관계 119

4. 생활지도
방역 관련 안전 교육 125 | 학생 간 관계 128 | 비대면 생활지도 133
인성교육 135 | 학교 폭력 137

PART 4 — 기타　139

1. 동료 교사와의 관계
동료 교사의 무리한 부탁 142 | 수업에 대한 의견 차이 146
교과 협의 및 협력 147 | 교사 간 의견 조율 149
불합리한 업무 분장 대처 152

2. 교사로서 자기계발
재택근무 효율성 153 | 전문성 신장 155 | 방학 계획 157

3. 학생 지원
학생 상담 158

일러두기

- 온라인 수업과 원격수업은 같은 의미로, 실제 학교 현장에서는 공식적으로 원격수업이라는 용어를 사용하고 있지만 본 책에서는 온라인 수업과 원격수업을 구분하지 않고 사용합니다.

- 온라인 수업에서 일방향 수업은 교사가 사전에 먼저 수업을 녹화하여 진행하는 것을 뜻하며 쌍방향 수업(실시간 수업)은 사전 녹화된 수업이 아닌, 학생과 교사가 동시에 같은 플랫폼에 접속하여 실시간으로 진행하는 수업을 의미합니다.

현직 교사가 알려주는 면접 꿀팁
"우리는 이렇게 했어요!"

면접 준비할 때 | 면접 당일 | 면접 태도 | 답변은 이렇게 | 사립학교 면접 꿀팁

> 면접 준비할 때

1차 시험 후: 면접 자료 정리 및 교육 영상 시청

1차 시험을 마치면 곧바로 2차 시험 준비를 위한 자료와 정보를 모읍니다. 인터넷 사이트, 주위 합격생 등을 통해서 기출문제 및 참고자료를 모으고 정리해두면 합격자 발표 후 시간을 아낄 수 있습니다. 이때 교육청 시책도 미리 출력해서 모아두면 좋습니다. 대중교통을 이용해 이동하는 시간이나 밥 먹는 시간 등 자투리 시간에 교육 뉴스를 읽거나 유튜브로 교육 영상을 시청하는 것도 좋습니다. 교육부에서 발행하는 월간 웹진 『행복한 교육』의 지난 일 년 치를 살펴보는 것도 도움이 됩니다. 혼자 다 보기 어려우면 스터디원들과 분량을 나누어 요약한 후 이를 공유하고 설명해주는 방법을 활용해보세요. 유튜브의 영상은 EBS 교육대기획 〈학교란 무엇인가〉와 에듀니티 영상 등을 추천합니다. 요즘에는 유튜버로 활동하는 선생님들의 영상도 많기 때문에 책만 보기보다는 유튜브 영상을 적극적으로 활용하면서 준비하면 좋습니다.

- 참고할 만한 영상: EBS 교육대기획 <학교란 무엇인가>, '에듀니티' 영상
- 참고할 만한 자료: 교육청 시책(필수!), 『행복한 교육』
- 참고할 만한 사이트: 교육청 블로그

1차 합격자 발표 후: 2차 스터디원 모으기

1차 합격자 발표 후 가장 먼저 할 일은 2차 스터디를 꾸리는 것입니다. 1차 시험 후 합격자 발표를 기다리는 동안 함께했던 2차 스터디원들이 모두 합격해서 2차까지 함께하면 좋겠지만, 실제로는 새로 스터디원을 모집해야 하는 경우가 많을 것입니다. 모집 중인 스터디에 지원해서 참여하는 것도 좋지만 스터디 장소와 시간을 조율하기 어렵다면 스스로 스터디장이 되어서 원하는 장소와 시간에 함께할 수 있는 스터디원을 모집하는 것도 좋은 방법입니다. 역할 분담만 잘한다면 스터디장이라

고 해서 큰 부담을 가질 필요는 없습니다. 스터디의 목적은 웃고 친해지기 위한 것이 아닙니다. 서로의 발전을 위해 때로는 쓴소리도 해야 하기 때문에 공과 사를 구별할 수 있는 스터디원이 모이는 게 중요합니다.

스터디가 시작되기 전

2차 스터디가 시작되면 시간이 정말 부족합니다. 본격적으로 스터디를 시작하기 전, 그래도 시간 여유가 조금 있을 때 정장과 구두를 준비하면 좋습니다. 정장은 교생 신분으로 학교 출근할 때 입었던 옷을 입어도 좋지만, 구두만큼은 깔끔한 이미지를 위해서 새로 장만하는 걸 추천합니다. 구두는 신발 가게에서 면접 볼 때 신을 구두를 추천해달라고 하면 여성의 경우 보통 검은색 둥근코 구두를 추천해줍니다. 수업 실연할 때 걸을 것을 생각해서 착화감이 좋은 것으로 구매하시면 됩니다. 복장은 흰 블라우스에 검은 재킷, 검은 치마가 제일 일반적인 경우인데, 사실 깔끔하고 단정한 이미지만 줄 수 있다면 굳이 흰색, 검은색으로 준비할 필요 없이 나에게 어울리는 복장을 선택하는 것도 좋은 방법입니다.

스터디할 때

스마트폰으로 촬영하기

시중에서 스마트폰 거치대를 저렴한 가격에 구할 수 있습니다. 면접 연습할 때 스마트폰으로 촬영한 후 녹화된 영상을 매일 보며 스스로 개선해야 할 점을 기록해두면 좋습니다. 면접 노트를 따로 준비하여 나의 장단점을 기록해두고 시험 당일에 가져가서 보면 어떤 실수를 조심해야 할지 잘 기억해둘 수 있습니다.

시간 관리는 기본, 핵심만 명확하게 말하기

문제마다 답변 시간을 할당하여 적절한 속도로 답변하는 연습을 하는 것이 필요합니다. 간혹 면접이 너무 일찍 끝나면 안 될 것 같은 불안감에 했던 말을 비슷한 내용으로 반복하는 경우가 있는데, 이렇게 중언부언하는 것은 듣는 사람이 지루하고 불쾌해질 수 있기 때문에 위험합니다. 또한, "~해야 합니다. ~해야 하기 때문에 ~해야 합니다."와 같이 불필요하게 중복하여 같은 말을 할 경우 답변할 시간이 부족할 수 있으니 평소 핵심만 명확하게 말하는 연습을 하길 바랍니다.

묻는 것에 대한 답변부터 먼저 말한 후 이에 대해 세부설명을 하는 방식으로 구조화하는 것이 좋습니다. 두괄식으로 표지를 사용하여 말하도록 하며, 두루뭉술한 답변이 되지 않고 구체적으로 말할 수 있도록 구상을 잘해놓는 것도 중요합니다.

주어진 면접 시간을 초과하지 않는다면 면접이 너무 짧게 끝나는 것에 대해서는 크게 불안감을 느끼지 않으셨으면 합니다. 실제로 면접 시간이 짧았어도 고득점을 받은 합격생이 많기 때문입니다. 주어진 면접 시간이 10분이라면 실제 답변을 10분간 말해야 하는 것이 아닙니다. 문제에 대해 생각하고 답변하는 시간을 모두 포함해서 천천히 이해가 잘 될 수 있는 속도로 넉넉하게 10분 이내에 대답하라는 의미입니다. 답변하는 시간보다 중요한 건 답변의 내용이라는 걸 기억하세요!

면접 시작과 마무리 멘트 정해두기

답변을 시작하기 전에 "O번 문제 답변 시작하겠습니다", "지금부터 O번 문제에 대한 답을 하겠습니다" 등 나만의 면접 시작 멘트를 고정적으로 정해두면 좋습니다. 각 질문에 대한 답변이 끝날 때마다 "이상입니다", "대답 마치겠습니다" 등의 마무리 멘트를 연습해두는 것도 필요합니다. 즉답형 문제의 경우 생각할 시간이 필요하기 때문에 "잠시 생각해본 후에 답변드리겠습니다"라고 말하고 준비하는 것도 좋습니다.

연습도 실전처럼

면접장 문을 열고 들어가는 순간부터 끝나는 순간까지의 모든 동선과 말하기를 미리 연습해두어야 합니다. 보폭, 걷는 속도, 인사, 의자 빼고 앉기, 면접 마친 후 의자 다시 집어넣기, 답변할 때 손의 위치, 발을 어디에 두어야 하는지 등까지 모두 세심하게 생각하고 연습하면 바른 자세로 자신 있게 말하는 수험생이 될 수 있을 것입니다.

면접 당일

좋은 첫인상을 주는 이미지 관리는 필수

구두 굽에 부직포 붙이기

면접 날 신을 구두 굽에 미리 부직포를 붙여두세요. 또각또각 구두 소리에 민감한 면접관들이 있기 때문입니다. 면접 당일의 긴장을 줄이기 위해 실제로 구두를 신고 수업 시연 연습을 하면서 부직포 붙인 구두에 적응하는 연습을 해도 좋습니다. 신발에 붙일 부직포는 문구점이나 생활용품점 등에서 살 수 있습니다.

돌돌이 테이프 챙기기

겨울철에 정장을 입고 패딩 등의 외투를 입으면 정장에 먼지가 붙게 됩니다. 시험장에 먼지를 제거할 수 있는 돌돌이 테이프를 가져가세요. 면접 직전 화장실에 가서 외모를 점검할 때 상·하의에 붙은 먼지를 제거해주면 좋습니다.

연한 화장, 단정한 머리 모양

면접은 소개팅 자리가 아닙니다. 깨끗한 피부를 연출하기 위한 화장은 좋지만 아이 메이크업 등의 색조 화장은 하지 않거나 가급적 연하게 해서 온화한 이미지를 유지하는 게 좋아요. 요즘은 학생들의 염색, 파마 등이 허용됐지만 보수적인 교직 문화를 고려했을 때 예비 교사로서 지나치게 밝은 염색이나 부스스한 머리 모양은 지양하는 게 좋습니다. 시간이 된다면 미리 머리를 다듬어두는 것도 좋아요.

시험장 일찍 가서 교실 둘러보기

시험 당일 교통상황이 어떻게 될지 모르기 때문에 일찍 도착한다는 마음으로 출발하는 게 좋습니다. 갑자기 눈이 오거나 교통사고가 발생하면 도로가 밀리기 때문입니다. 일찍 도착해서 실제 시험장을 둘러보고 익혀두면 교실에서 대기할 때 시험장을 상상하며 준비할 수 있어 심신 안정에도 도움이 됩니다.

소화 잘되는 간식을 넉넉하게 준비
면접이 언제 끝날지 알 수 없으므로 간식은 넉넉하게 준비하는 게 좋습니다. 체할 정도로 너무 배부르게 먹는 것도 좋지 않겠지만 배고픈 상태로 꼬르륵 소리 내며 답변하는 것도 어색할 테니까요. 휴식 시간이 넉넉하지 않아 수능 시험장처럼 도시락을 먹기는 어렵습니다. 따뜻한 물, 바나나, 초콜릿, 보온병에 담긴 죽 등을 챙겨가길 권합니다.

면접 태도

첫인상과 마지막 인상을 결정짓는 인사

사람과 사람이 처음 만날 때는 인사를 합니다. 면접관과 나누는 인사는 좋은 첫인상을 주는 데 정말 중요합니다. 실제로 현직 교장, 교감선생님과 진행했던 모의면접에서 들은 조언을 알려드리려고 합니다. 인사는 과하다고 느껴질 정도로 하는 게 안전합니다. 처음 면접장 문을 열고 교실에 들어갔을 때, 면접 의자에 앉기 전에, 면접을 마친 후 자리에서 일어나기 전에, 면접장 문을 닫고 나가기 전에 총 4번 인사를 한다고 기억하고 실제 연습할 때도 항상 이렇게 인사를 하고 답변하는 연습을 해두길 추천합니다. 면접장에 들어서는 순간부터 채점이 시작된다고 생각하고 공손하게 인사하는 연습을 해두세요.

 tip.

> 첫인상 못지않게 중요한 것이 마지막 인상입니다. 면접을 마치고 나갈 땐 앉았던 의자를 제자리에 넣고 가세요. 수업 시연 후 사용한 분필과 지우개를 제자리에 두는 것도 마찬가지입니다. 이렇듯 사소해 보이는 것들을 통해 마지막 인상까지 관리하는 모습을 보여줄 수 있습니다.

아이 콘택트의 중요성

면접관이 세 명일 경우 시선을 분산하여 한 사람씩 눈을 맞추고 이야기합니다. 직접적인 아이 콘택트가 부담스럽다면 면접관의 이마나 인중을 보면서 말해보세요. 긴장이 약간 해소될 겁니다. 긴장되고 어려운 면접 질문에 답해야 하는 당황스러운 순간에도 미소를 잃지 않고 답변하는 태도는 면접 내용만큼, 아니 그보다 더 중요합니다. 면접관도 사람인지라 비슷한 답변을 하는 수험생이 많다면 그중 밝고 신뢰를 주는 수험생에게 더 좋은 점수를 줄 수밖에 없습니다.

목소리의 중요성

목소리의 크기, 속도, 억양도 중요합니다. 교실이라는 공간은 스터디룸, 대학 강의실과는 달리 소리가 울릴 수 있기 때문에 실제 교실에서 연습하며 내 목소리가 잘 전달되는지 미리 확인하고 면접에서는 자신 있는 목소리로 답변해야 합니다. 단, 무조건 큰 목소리가 좋은 건 아닙니다. 면접관에게 잘 들릴 정도로 적당히 크고 부드러운 목소리여야 합니다. 고함을 지르거나 엄한 분위기를 주는 목소리가 되지 않도록 주의하세요. 긴장하면 목소리가 심하게 떨리는 사람은 면접 준비할 때 달리기나 운동 등을 하고 바로 답변해보는 식으로 숨 가쁜 상황에서 침착하고 자신 있게 대답하는 연습을 해보면 도움이 됩니다.

> 답변은 이렇게

자신 없어도 자신 있게 말하기

많은 수험생이 착각하는 것 중 하나가 면접 질문에 '정답'이 있을 거라는 생각입니다. 하지만 학교 현장에 있다 보면 같은 문제 상황에 처하더라도 선생님들마다 해결책이 조금씩 다르다는 걸 알 수 있습니다. 그러므로 주어진 질문에 적절한 답을 찾기 위해 노력하되 나의 답이 정답이 아닐까봐 불안해하고 조바심을 낼 필요는 없습니다. 경쟁이 치열한 1차 필기시험에도 합격했으니 더더욱 본인의 답변 내용에 자신감을 갖고 임해도 됩니다. 자신 없는 태도로 답변한다면 답변 내용에 대해서도 좋지 않은 인상을 주기 때문에 무엇보다 자신감이 중요하다는 걸 꼭 기억하시기 바랍니다. 이 책에 저희가 담은 답변 역시 정해진 만점짜리 답변이 아닙니다. 참고하되 선생님들께서 더 좋다고 생각되는 의견이 있다면 소신을 가지셔도 됩니다.

이성적인 답변에 감성 얹기

면접을 보는 목적은 똑똑한 교사를 선발하기 위함이 아니라고 생각합니다. 교육학 지식과 교과 전문성에 대한 검증은 1차에서 이뤄지기 때문입니다. 1차 합격생 중 더 똑똑한 사람을 가려내기 위해 2차를 본다면 또 다른 필기시험을 보면 되겠지요. 굳이 그럴 것 없이 1차 점수로만 합격생을 가려도 될 것입니다. 면접관이 수험생을 직접 만나서 2차 시험을 보는 이유는 수험생의 인간적인 됨됨이와 예비 교사로서의 분위기를 보기 위함이라고 생각합니다.

면접 질문에 답할 때는 자신의 전문성과 지식을 보여줄 수 있는 답변을 하되 학생을 사랑하는 교사, 동료 교사들과 큰 갈등 없이 화합할 수 있는 교사라는 점도 함께 전달되도록 말하는 것이 중요합니다. 지각한 학생을 어떻게 처리할 것인가에 관해 물었을 때 '남겨서 청소를 시킨다', '부모님께 연락한다'도 적절한 답이 되겠지만 '지각을 한 특별한 사유가 있는지 묻고 살펴서 가족과 친구 관계에 문제가 있는지 확인한다', '남겨서 청소를 시킬 때 교사도 함께 청소하며 학생과 자연스러운 상담을 한 후 청소를 잘한 것에 대한 고마움과 칭찬을 전한다' 등과 같이 좀 더 따뜻한 답변으로 좋은 평가를 받을 수 있습니다.

내가 하고 싶은 말이 아니라 면접관이 듣고 싶은 말을 자연스럽게

면접 준비를 하는 짧은 기간 동안 수험생들은 교육청 시책을 암기하고 교육 잡지, 서적 등을 읽으면서 방대한 지식을 쌓게 됩니다. '나는 이만큼 알고 있다'라는 것을 어필하려다 보면 질문에 대해 하고 싶은 말이 엄청 많아지는 경우가 있습니다. 그럴수록 질문의 요지를 잘 파악하고 이해하여 논지에서 벗어나지 않는 적절한 답변을 해야 합니다. 간혹 깊은 이해 없이 시책을 나열하다가 부적절한 답변을 하는 경우 오히려 감점 요소가 될 수 있으니 시책을 활용한 답변을 하고 싶다면 적절한 답변인지에 대해 먼저 고민해보면 좋겠습니다. 부자연스럽게 암기한 내용을 쏟아내는 듯한 태도는 좋지 않습니다. 의견을 진솔하게 피력하는 모습을 보여주세요.

사자성어와 명언, 유명한 인물 등의 이야기 활용하기

교육 관련 사자성어, 명언 등을 활용해서 답변을 시작하면 참신함을 주고 설득력을 더할 수 있습니다. 교학상장, 줄탁동시 등의 유명한 말도 좋지만 꼭 교육 관련 사자성어나 말이 아니더라도 나만의 교육철학을 설명할 때 유용한 말이 있다면 기억해두었다가 실제 답변에 활용해보세요. 롤모델로 삼고 싶은 교육자를 생각해두었다가 답변에 활용하는 것도 좋습니다. 꼭 교육자가 아니더라도 본받고 싶은 인물과 그가 한 명언 등을 생각해둔다면 질문에 따라 나만의 참신한 대답을 하는 데 도움이 될 수 있습니다.

다양한 범주에서 생각하여 답변하기

학생이 문제 행동을 했을 때 해결 방안 두 가지를 묻는다면 '학부모와 학생을 함께 교무실로 불러서 상담한다', '학부모와 협조하여 문제 행동을 해결하기 위해 노력한다.'라고만 답해도 두 가지를 대답한 게 됩니다. 반면 교내에서 할 수 있는 방안과 교외에서 할 수 있는 방안으로 범주를 넓혀서 답변하면 앞의 답변보다 좀 더 풍성하게 말할 거리가 생깁니다. 학생, 학부모, 동료 교사, 지역사회, 교육청 등으로 범주를 확대해서 답변하는 연습을 미리 해두면 좋습니다.

사립학교 면접 꿀팁

교육 목표, 학교 상징, 교훈, 연혁 등을 암기하기

사립학교는 학교마다 추구하는 교육 철학이 있습니다. 학교 사이트에 들어가서 학교 소개를 읽고 숙지하는 것이 좋습니다. 학교 교훈과 교육 목표를 질문하기도 합니다. 사립의 특성을 담은 질문들이 많은 만큼 학교에 관한 정보를 철저하게 암기하고 바로 답변할 수 있게 준비하세요.

포부와 적극적인 태도를 보여주기

사립학교는 공립학교처럼 이동하지 않고 한 학교에서 퇴직할 때까지 일하게 됩니다. 오랫동안 가족처럼 일하면서 성실하고 학교일에 헌신할 교사를 뽑고 싶어 합니다. 자신의 성실성을 입증할 수 있는 사례와 경험을 녹여내는 답변을 준비하면 좋습니다.

자신의 역량과 활동을 연결하여 자신의 강점을 설명하기

사립학교는 다방면에 능력 있는 교사들을 뽑고 싶어 합니다. 수업, 학급 경영, 행정 업무는 기본으로 하고 동아리 및 자유학년제 운영 등에서도 교사들이 활약하기를 기대합니다. 취미가 많아서 다양한 활동을 해본 예비 교사라면 자신의 경험과 학교에서 할 수 있는 활동을 연계해 자신의 강점을 이야기하는 것이 좋습니다.

실제 성격과 모습을 꾸밈없이 보여주기

사립학교는 오랫동안 함께 일하기에 좋은 사람을 뽑고 싶어 합니다. 학교 분위기를 흐리거나 부정적인 영향을 끼치는 사람보다는 학교에 긍정적인 영향을 미치는 사람을 원합니다. 꾸며진 모습보다 자신의 실제 모습을 보여주는 것이 좋습니다.

예비 교사를 위한 온라인 수업 100문 100답

PART
1

교직 철학:
교사의 역할

1

전국적으로 온라인 수업이 진행되면서 일부에서는 등교수업의 효용성에 대한 의문이 제기되었으며, 온라인 수업이 확대될수록 교사의 자리가 위협받을 것이라는 전망도 나오고 있다. 이런 견해에 대해 동의하는지 동의하지 않는지 본인의 생각을 구체적인 근거와 함께 말하시오.

> **예상 답변**

동의하지 않습니다. 왜냐하면 학교의 기능이 지식의 전달에만 있다면 온라인 수업으로도 대체할 수 있겠지만 학교는 사람과 사람이 만나 공동체 의식을 기르고 자신의 바른 인성을 가꾸어 나가야 하는 곳이기 때문입니다. 등교수업은 온라인 수업과는 또 다른 의미를 지닌다고 생각합니다. 또한 온라인 수업과 등교수업의 장단점이 서로 다르기 때문에 상호보완의 관계로 보는 것이 타당합니다. 따라서 온라인 수업으로 등교수업을 대체해야 한다는 의견은 다소 위험하다고 생각합니다.

2

기존에 있던 인터넷 강의 콘텐츠를 사용하는 온라인 수업이 늘면서 교사 무용론까지 대두되었다. 교사가 학교 현장에 필요한 이유를 근거로 제시하면서 교사 무용론에 대해 반박하시오.

> 예상 답변

온라인 수업 초창기에는 이미 만들어진 영상 강의를 쓰는 경우가 많았지만 이는 변화에 적응하기 위한 과정의 일면이었습니다. 전화위복이라는 말처럼 변화과정에서 발생하는 문제를 살피고 해결해나가면서 오히려 학교 현장에서 교사의 필요성이 더욱 중요하게 드러났다고 생각합니다.

교사가 학교 현장에 필요한 이유는 첫째, 교과교사로서 단위 학교와 학생 개개인의 특성에 맞춰 수업을 진행하고 실시간으로 피드백을 주고받으며 평가하는 것이 필요하기 때문입니다. 학생들이 원하는 교사는 단순히 강의 실력만 좋은 교사가 아니며 학생에 대한 관심과 애정이 있는 교사입니다. 교사가 그러할 때 학생들은 더욱 수업에 집중하고 학습 동기가 높아집니다. 이를 통해 아이들과 직접 소통하는 교사가 반드시 필요함을 알 수 있습니다.

교사가 학교 현장에 필요한 이유 둘째는, 담임교사로서 학생들이 안전하게 학교생활을 할 수 있도록 돕고, 공동체 안에서 다양한 활동을 통해 바른 인성과 올바른 사회성을 기를 수 있게 조력하는 것이 필요하기 때문입니다. 인성도 실력이라는 말이 있습니다. 살아가면서 필수적인 교과 지식을 익히는 것도 중요하지만 그보다 더 선행되어야 하는 건 인성 함양임을 많이 느낍니다.

또한 많은 교사가 변화에 적응하여 온라인 수업 컨텐츠를 직접 만들거나 쌍방향 수업을 진행하고 있습니다. 오히려 학교라는 공간이 온라인으로 확장됨으로써 교사의 자리는 위태로워지는 것이 아니라 더 많은 역량과 역할을 요구받게 된다고 생각합니다.

3

교사 한 사람이 온라인 수업을 준비할 경우, 대형학원이나 인터넷 방송 등에서 기술적인 지원을 받는 강사의 강의보다 수업 퀄리티가 낮을 수밖에 없다. 그럼에도 교사가 수업을 자체 제작해야 하는 이유를 3가지 설명하시오.

> 예상 답변

첫째, 학생들의 수준에 맞는 교육을 위해 교사가 직접 수업을 제작해야 합니다. 사설 대형학원 강사의 강의력이 더 좋을 수는 있지만 단위 학교 학생들의 흥미와 수준을 정확하게 파악할 수 있는 사람은 학교 교사뿐이며 그에 맞춘 수업을 진행한다면 학생들에게 더 유익한 수업이 될 것이라고 자신합니다.

둘째, 우리 학교 선생님이 직접 수업을 할 때 학생들의 집중력이 더 높아집니다. 낯선 교사의 수업보다 친숙한 선생님의 목소리와 설명이 담긴 수업에서 학생들은 더 친근함을 느끼고 집중하게 될 것입니다.

셋째, 끊임없이 변하는 세상에 적응해야 하는 것 역시 교사에게 필요한 역량 중 하나입니다. 변화하는 사회에서 학생들에게만 적응을 요구하기 이전에 교사 역시 적응할 수 있는 역량이 필요하고 학생들의 모범이 되기 위해서도 교사의 수업 자체 제작은 필요합니다.

4

"온라인 수업 시대의 교사로서 무엇에 중점을 두고 학생들을 지도할 것인가?"라는 질문에 대해 수업 측면과 생활지도 측면에서 각각 2가지씩 말하시오.

(예상 답변)

과거 오프라인 수업과 마찬가지로 온라인 수업 시대 속에서도 교사의 역할은 매우 중요합니다. 먼저 교사가 수업에서 중점을 두어야 할 측면에 대해 말씀드리겠습니다.

첫째, 다양한 과제 제시를 통해 문제 해결력을 기르도록 하겠습니다. 학생들은 계속해서 다양한 문제에 직면할 것이고 이러한 문제들을 해결할 수 있어야 합니다. 문제 해결을 위해 다양한 정보를 검색할 수 있는 온라인 수업 환경은 학생들의 문제 해결 능력을 기를 수 있는 좋은 조건이 된다고 생각합니다. 따라서 온라인 수업을 할 경우 학생들 스스로 문제를 해결할 수 있도록 다양한 비계를 설정하고 이를 돕도록 노력할 것입니다.

둘째, 다양한 정보들 속에서 자신에게 필요한 정보를 찾을 수 있는 정보 판단력을 기르는 데 중점을 두겠습니다. 다가올 미래는 정보 부족이 아닌, 정보 과잉이 문제가 되는 시대이며, 잘못된 정보들로 인한 혼선이 더 큰 문제를 일으킬 것입니다. 이런 문제를 예방하기 위해 학생들이 검색한 정보를 바탕으로 수업을 진행하면서 서로 정보 가치에 대해 판단할 수 있게끔 노력하겠습니다.

다음은 생활지도 측면에서 교사로서 중점을 두고 지도하고 싶은 부분입니다.

첫째, 디지털 시민의식을 기를 수 있도록 지도하겠습니다. 오프라인과 마찬가지로 온라인에서도 예절, 사이버 폭력 예방, 인터넷 범죄, 디지털 리터러시 등 사람 사이에 지켜야 할 중요한 인성적인 요소들이 있습니다. 이러한 디지털 시민의식을 학생들이 갖추고 지킬 수 있도록 지도하겠습니다.

둘째, 온라인 상황 속 의사소통 능력을 기르는 데 중점을 두며 지도하겠습니다. 대면 상에서는 표정과 몸짓, 말투가 느껴지지만 비대면 상에서는 이러한 비언어, 반언어적 요소를 충분히 활용하여 의사소통을 하기가 어렵습니다. 하지만 앞으로 학생들은 오프라인보다 온라인에서 소통할 기회가 늘어날 것입니다. 따라서 온라인 속에서 관계 형성에 서툰 학생들이 의사소통을 원활히 하여 좋은 관계 형성을 할 수 있도록 지도하겠습니다.

5

온라인 수업이 활성화된 현재 상황에서, 학교 교사로서 갖추어야 할 덕목 3가지와 함께 장점이라고 생각되는 자신의 역량을 말하시오.

예상 답변

교사로서 갖추어야 할 첫 번째 덕목은 적극성입니다. 급변하는 상황 속에서 빠르게 현실을 받아들이고 적극적으로 극복 방안을 모색하는 것이 중요하다고 생각하기 때문입니다.

두 번째 덕목은 협력성입니다. 오프라인에 익숙한 학교 현장에서 온라인 수업이 진행되면서 수업 공간이 완전히 바뀌었습니다. 그 어떤 교사도 이런 상황에 익숙하고 능숙하지 못할 것입니다. 이럴 때일수록 협력성을 발휘하여 동료 교사와 정보를 공유하고 협업하며 '같이의 가치'를 보여줄 수 있어야 한다고 생각합니다.

세 번째 덕목은 긍정성입니다. 준비되지 않은 채로 많은 것들이 바뀌다 보니 수업 및 평가, 학사 운영 등 학교 환경 및 시스템에 대해 학생과 학부모가 어려움을 호소할 수 있습니다. 이때 날선 마음으로 부정적으로 대응한다면 오히려 갈등이 커질 수 있습니다. 이럴 때일수록 긍정적인 마음을 가지고 타인을 이해하고자 하는 포용력을 갖는 것이 중요하다고 생각합니다.

예비 교사로서 장점이라고 생각하는 역량은 앞서 말한 세 가지입니다. 스터디가 필요할 때 먼저 스터디장이 되어 적극적으로 스터디를 모집하고 공부 방향을 계획, 진행하는 등 적극적으로 시험을 준비해왔습니다. 또한 스터디원의 장단점을 분석하여 서로에게 도움이 되는 최적의 스터디를 할 수 있도록 해왔습니다. 마지막으로 경쟁률이 치열한 임용시험이지만 항상 합격할 수 있다는 자신감을 가짐과 동시에 떨어지더라도 포기하지 않겠다는 마음을 가졌는데, 제 긍정적인 성격 덕분에 가능했다고 생각합니다.

추가 문제

온라인 수업 시대를 사는 교사가 가져야 할 태도는 무엇인지 말하시오.

(예상 답변)

온라인 수업 시대는 교실과 학교의 많은 부분을 바꾸어 놓았습니다. 급변하는 교육 환경에서 교사들은 다음과 같은 태도를 가져야 할 것입니다.

첫째, 학생과 소통하는 태도를 가져야 합니다. 과거의 학교에서는 학생이 매일 등교하였기 때문에 교사와 학생이 물리적으로 한 공간에서 자주 만났지만 온라인 상황에서는 자주 얼굴을 보기 어려워졌습니다. 어쩔 수 없이 비대면으로 만날 때가 많기 때문에 교사는 오프라인으로 만날 때보다 학생들과의 의사소통에 더욱 신경을 써야 합니다.

둘째, 변화에 적응하고 이를 두려워하지 않는 태도를 가져야 합니다. 사회의 변화 속도가 점점 빨라지고 있으며, 학교 현장 또한 빠르게 변화되고 있습니다. 따라서 급변하는 상황에 잘 대응할 수 있는 적응력과 변화를 두려워하지 않는 태도가 필요할 것입니다.

셋째, 항상 배우려는 자세가 필요합니다. 온라인 수업을 제작하기 위해서는 기존 교사에게 낯설기만 했던 영상 촬영, 영상 편집, 그리고 과제 제작 등의 일들을 새롭게 익혀야 합니다. 기존의 모습에 머물러 있는 것이 아니라 계속해서 배우려는 자세가 필요합니다.

6

코로나 19와 같은 팬데믹뿐만 아니라 태풍, 미세먼지 등으로 인해 언제든지 재택업무를 수행하는 경우가 발생할 수 있다. 재택근무 시 교사로서 갖추어야 할 태도를 3가지 제시하시오.

> (예상 답변)

첫째, 학교 업무시간에 맞추어 일 처리를 하겠습니다. 학교에 출근하는 것과 똑같이 아침 8시 30분부터 오후 4시 30분까지 일을 처리함으로써 재택근무로 게을러지거나 업무를 소홀히 하는 일이 없도록 하겠습니다.

둘째, 업무계획표를 작성하겠습니다. 학교 시간표대로 수업 시간과 식사시간을 제외한 다른 시간에 할 업무를 미리 정하고 시간을 배당하는 업무계획표를 작성하여 그날의 업무를 무리 없이 소화해내겠습니다.

셋째, 교육공무원으로서 책임감과 사명감을 잃지 않겠습니다. 재택근무는 학교 현장의 연장인 만큼 교육공무원으로서 품위를 잃지 않고 보이지 않는 자리에서도 책임감과 사명감을 갖고 일하겠다는 마음을 잃지 않겠습니다.

7

온라인 수업이 장기화되면서 스마트 기기의 보유 여부, 사교육 여부, 가정에서 온라인 수업을 독려할 수 있는 부모와 함께 지내는지 등에 따라 학력 격차가 극심해졌다. 이런 상황에서 결과적 평등을 실현하기 위한 방안을 3가지 말하시오.

예상 답변

첫째, 학생들에게 태블릿이나 컴퓨터와 같이 교육을 받을 수 있는 기기를 제공해 주는 것입니다. 온라인 상황에서는 특히 학생 개인 스마트 기기나 컴퓨터의 보유 여부가 수업을 얼마나 편하게 참여할 수 있는지를 결정하였습니다. 이런 문제를 해소하기 위해서 학교에서는 학생들을 위한 태블릿이나 스마트 패드를 제공하여 결과적 평등을 만들어야 합니다.

둘째, 학력 부진 학생들의 학력을 재고할 방안을 고민해야 합니다. 기초학력 부진 학생을 위해 위클래스 상시 운영, 기초학력 부진 학생들만을 위한 교과 수업 진행 등의 노력을 통해 학력 격차를 해소하고 결과적 평등을 실현할 수 있습니다.

셋째, 가정에서 돌봄을 받을 수 없는 학생들에 대한 처우 개선이 필요합니다. 학생이 집에 있는 상황에서 부모의 돌봄을 받거나 받지 못하는 상황은 학생의 출결, 과제 제출 등 온라인 학습 전반에 많은 영향을 미쳤을 것이라고 생각합니다. 이러한 불평등을 해소하기 위해 학교는 가정의 돌봄을 받지 못하는 학생을 파악하고 해결 방안을 담임교사와 함께 모색해야 합니다.

8

한 아이도 놓치지 않는 학업지원체제를 구축하기 위해 교사로서 할 수 있는 역할을 3가지 이상 제시하시오. (단, 올해 코로나 19로 인해 생긴 교육 현장의 변화를 고려하여 답할 것)

예상 답변

한 명의 학생도 놓치지 않는 교육은 온라인 상황에서도 유지되어야 합니다. 비대면 상황에서 기초학력 학생들을 위한 학업지원체제 구축은 더욱 중요한 문제가 되었습니다. 이러한 상황에서 교사가 할 수 있는 역할은 다음과 같습니다

첫째, 학생들과 지속적인 비대면 상담과 연락을 취하는 것입니다. 온라인 상황일지라도 학생의 학습 결손 원인과 정서 및 심리적 상태를 파악하고 보살피는 것은 매우 중요한 일입니다. 그렇기에 지속적인 연락과 상담을 통해 학생의 현 상태를 꾸준히 점검하겠습니다.

둘째, 학생들의 기초학력 수준이 떨어지지 않도록 지도하는 역할을 하겠습니다. 파악한 원인이 기초학력 수준 미달이라면 그에 적합한 프로그램을 제공하고 돕겠습니다.

셋째, 학생들이 수업에 흥미를 느끼고 지속적으로 참여하는 수업을 만드는 역할을 하겠습니다. 학생들이 흥미 있어 하는 인터넷 자료나 영상을 수업과 융합하여 학생들이 흥미를 느낄 수 있도록 꾸준히 제작하겠습니다.

넷째, 온라인 보충 수업을 만들어 학생들에게 다양한 기회를 주는 역할을 하겠습니다. 다양한 수준의 학생들이 모여 있는 학교에서 다양한 수준별 수업 및 보충수업을 온라인으로 제공하여 학생들이 선택할 수 있는 폭을 넓히도록 기회를 제공하는 역할을 하겠습니다.

9

코로나 19로 인한 온라인 개학과 같이 앞으로도 학교 현장에는 예측할 수 없는 상황이 많아질 거라 예상된다. 이런 변화에 교사 역시 빠르게 적응해야 하는데, 이런 상황에서 교사에게 필요한 역량 4가지를 말하시오.

(예상 답변)

코로나 19뿐만 아니라 미세먼지 등 자연 및 사회 환경의 다양한 변화로 학교 현장에는 예측할 수 없는 상황이 많아지고, 교사의 다양한 역할과 능력이 요구될 것입니다.

이런 상황에서 교사에게 필요한 역량은 첫째, 자기관리 역량입니다. 교사로서 자기 주체성을 가지고 주도적으로 문제를 극복할 수 있어야 하기 때문입니다.

둘째는 의사소통 역량입니다. 시시각각 바뀌는 다양한 상황에서는 소통과 협업이 매우 중요하기 때문에 학생, 학부모, 동료 교사와 원활하게 소통하는 능력이 필요합니다.

셋째는 지식정보 처리 역량입니다. 새로운 상황과 문제를 마주했을 때 문제 해결에 필요한 다양한 지식과 정보를 처리하고 활용할 수 있어야 하기 때문입니다.

넷째, 창의적 사고 역량입니다. 폭넓은 기초지식을 토대로 예기치 못한 상황에 맞게 변형 및 창조하여 유연하게 사용할 필요가 있기 때문입니다.

10 스스로 생각하는 교사의 본질에 대해 말하시오.

예상 답변

첫째, 교사는 촉진자의 역할을 합니다. 단순히 교사가 지식을 주입하는 것이 아니라 학생에게 동기를 부여하고 학습에 대한 흥미를 불러일으켜 학습이 잘 이루어질 수 있도록 조력하는 역할을 한다고 생각합니다.

둘째, 교사는 성장하는 존재입니다. 4차 산업혁명 시대의 도래와 함께 교사는 멈추어 있는 존재가 아니라 사회의 변화에 발맞추어 적응하고 그 변화에 따라 새로움을 추구하기 위해 늘 배우고 성장하는 존재가 되어야 한다고 생각합니다.

셋째, 사람에 대한 사랑과 믿음을 가지고 있어야 합니다. 교사는 변화와 성장 가능성이 있는 학생들과 함께합니다. 학생의 부족한 모습에 실망하는 것이 아니라 사랑으로 품어 보살필 수 있어야 하며 학생에 대한 믿음을 갖고 긍정적인 방향으로 성장하도록 도와줄 수 있어야 합니다.

11

온라인 수업이 시작되면서 교사의 관련 업무도 크게 늘었다. 교사가 된 후 수업, 학급 경영, 행정업무 능력 세 가지를 어떻게 균형 있게 발전시킬지 구체적인 계획을 말하시오.

예상 답변

첫째, 선배 선생님들에게 조언을 구하고 최대한 배우려고 노력하겠습니다. 교직에 첫발을 내딛는 저에 비해 먼저 온라인 개학을 맞이하신 선생님들은 전반적인 노하우나 경험이 많으실 것입니다. 선생님의 조언을 바탕으로 교직에 적응하며 교사로서 능력을 기르겠습니다.

둘째, 연수를 활용하겠습니다. 온라인 개학이라는 새로운 상황에서 그에 맞는 연수들 역시 다양하게 제공되고 있습니다. 따라서 이런 연수를 통해 학급 경영, 수업에 대한 능력을 발전시키겠습니다.

셋째, 서적을 통해서 학습하겠습니다. 최근에 서점을 갔는데 온라인 수업과 학급 경영 관련 책들을 어렵지 않게 찾을 수 있었습니다. 이런 서적들을 참고해 교단에서의 능력을 개발할 것입니다.

넷째, 교원학습 공동체 활동을 통해 배우겠습니다. 학교 간 또는 학교 내 교원학습공동체가 활발하게 이뤄지고 있으므로 이러한 공동체를 통해 제 업무와 관련해서 또는 수업이나 담임 업무 등의 내용을 배운다면 교직의 적응과 능력 개발에 좋은 영향을 받을 것입니다.

PART
2

온라인 수업

- 온라인 수업의 의미
- 온라인 수업 준비
- 온라인 수업 중
- 온라인 수업 후

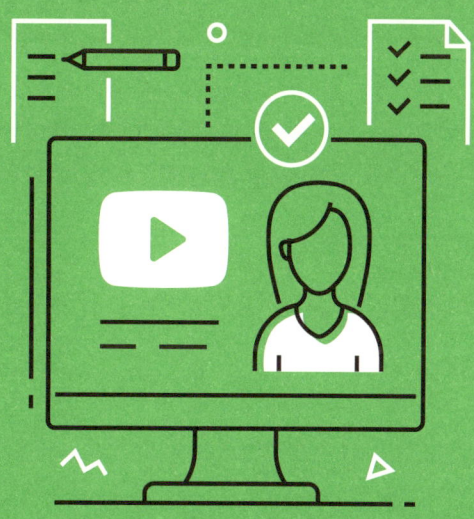

1. 온라인 수업의 의미

온라인 수업의 장점

12

오프라인 수업과 비교되는 온라인 수업의 장점 2가지와 이러한 장점을 극대화할 수 있는 방법 2가지를 말하시오.

예상 답변

오프라인 수업에 비해 온라인 수업이 가지는 장점은 첫째, 시공간적 제약이 적기 때문에 수업 자료와 형식을 다채롭게 구현할 수 있다는 점입니다.

둘째, 개별 학습자에 맞게 맞춤식 학습 자료의 제공 및 개별 피드백이 가능하다는 점에서 오프라인보다 개별화 학습을 효율적으로 할 수 있습니다.

따라서 이러한 장점을 극대화하기 위해 교사는 첫째, 온라인 수업의 다양한 학습 플랫폼과 프로그램을 이해하고 자신의 수업 내용에 맞는 프로그램을 선택하여 효과적으로 수업 설계를 해야 합니다.

둘째, 학습자료를 하나의 수준으로만 제공하는 것이 아니라 심화학습, 보충학습 등 다양한 차원으로 제공하여 개별화 수업이 가능하도록 합니다.

13 원격수업의 장단점을 각각 2가지 이상 말하시오.

예상 답변

원격수업의 장점은 첫째, 시간과 공간의 제약이 없다는 것입니다. 따라서 학생들은 자기가 원하는 시간과 장소에서 가장 집중이 잘되는 상태로 자유롭게 학습을 진행할 수 있습니다. 야행성이라 오전 수업이 힘들었던 학생들의 경우 밤에 수업을 들으면 오히려 집중이 잘되고 수업을 놓치지 않게 될 것이기 때문입니다.

둘째, 학생들의 자기주도학습 역량을 강화할 수 있습니다. 자기주도학습 역량이 중요해진 만큼 교육 현장에서도 자기주도학습 역량을 키울 필요성과 요구가 커졌습니다. 원격수업으로 집에서 공부하는 시간이 많아진 학생들은 스스로 학습 목표와 계획을 세우고 학습을 점검해나가는 습관이 형성되어 자기주도학습을 적극적으로 실천할 수 있는 계기가 마련되었습니다.

셋째, 개별화 학습이 가능합니다. 원격수업에서 수업 동영상을 제공하는 경우 학생은 반복해서 학습이 가능하며 이해가 잘 안되는 부분은 속도 등을 조절하여 학습할 수 있습니다.

원격수업의 단점은 첫째, 등교수업에 비해 학생들이 집중하기 어렵다는 점입니다. 컴퓨터 앞에서 6시간 이상 앉아서 수업을 듣게 되면 피로도가 심해 매 수업 집중하기가 어려우며 인터넷에 쉽게 노출되어 인터넷 게임이나 SNS에 빠지기 쉽습니다.

둘째, 수업에 돌발상황이 발생하기 쉽습니다. 예를 들어 온라인 수업은 인터넷 접속을 통해 이루어지다 보니, 접속 장애로 인한 문제가 발생할 확률이 높습니다. 불안정한 인터넷 접속으로 수업의 흐름이 끊기는 등의 방해 요인이 작용할 수 있습니다.

셋째, 상호작용의 어려움이 있습니다. 대면 상황에 비해 원활한 소통이 어려워 질문이 있어도 해결하기 어렵고 즉각적인 피드백을 주기 어려울 수 있습니다.

진정한 배움으로 나가기 위한 방법

14 온라인 수업에서 진정한 배움이 일어나기 위해 교사로서 해야 할 노력 3가지를 설명하시오.

예상 답변

첫째, 수업 자체에 대한 고민을 해야 합니다. 아무리 온라인 수업이라고 해도 가르치는 형태만 면대면이 아닐 뿐 가르침이라는 요소가 있다는 것은 동일합니다. 즉 온라인 수업 역시 오프라인 수업과 동일하고 수업의 연장선이기에 내가 가르치고자 하는 것이 무엇인가 깊게 고민한다면 비대면일지라도 진정한 배움으로 이어질 수 있다고 생각합니다.

둘째, 매 수업 시간에 학생들이 반드시 알아야 할 것들을 정확하게 제시하여야 합니다. 비대면 가르침에 대한 목적성이 뚜렷하지 않기에 수업이 끝나도 학생들이 무엇을 배웠는지 모르는 경우가 많습니다. 따라서 학생들이 온라인 수업에서 반드시 알아야 할 요소들을 정해서 준다면 학생들의 배움이 실현될 것입니다.

셋째, 학생들에게 제공하는 피드백을 고민해야 합니다. 기존 인터넷 강의와 교사가 하는 온라인 수업의 차이점은 피드백입니다. 내가 가르치는 학생의 질문에 성심성의껏 답변을 해주고 질문에 친절하게 설명해준다면 비록 가까이서 얼굴을 보고 가르칠 수는 없을지라도 배움이 일어날 것입니다. 잘하는 학생에게는 칭찬을, 어려움을 겪는 학생에게는 응원과 격려를 하는 것 또한 온라인 수업에서 필요한 피드백이라고 생각합니다.

15

4차 산업혁명 시대 및 다양한 자연재해(미세먼지, 코로나 바이러스 등)에 직면하여 교육 환경의 변화가 절실히 요구되고 있다. 교사로서 다음의 4가지 문제 상황을 극복할 수 있는 방안을 각각 한가지씩 말하시오.

상황 1	수업을 지루하게 느끼는 학생들이 늘어가고 있다.
상황 2	온라인 수업과 오프라인 수업의 혼재로 학생들의 기초학력이 점점 떨어지고 있다.
상황 3	교원평가 결과, 학생과 학부모의 만족도가 대부분 낮게 나타났다.
상황 4	수업 준비에 어려움을 호소하는 교사가 많다.

예상 답변

상황 1: 학생들의 의견을 수시로 물으면서 수업을 변화시키겠습니다. 지루함을 느끼는 데는 여러 가지 원인이 있습니다. 수업 시간이 길거나 수업 방법에 변화가 없거나 목소리 톤이 너무 단조롭다거나 등의 여러 원인이 있는데 학생들에게 수업 피드백을 받아 개선해간다면 학생들이 느끼는 지루함을 조금이나마 덜 수 있을 거라 생각합니다.

상황 2: 기초학력 부진 업무를 맡는 선생님의 도움을 받도록 하겠습니다. 서울시교육청에서는 기초학력 부진 학생들을 위해서 'Only one, Only you', '즐거운 공부, 행복한 나!'와 같은 프로그램을 매년 진행하고 있습니다. 기초학력이 부족해 보이는 학생이 있다면 이런 프로그램의 도움을 받아 학력 저하 현상이 완화되도록 힘쓰겠습니다.

상황 3: 교사 간 꾸준한 협의를 통해 만족도를 높이는 방안을 모색해 보겠습니다. 학생이나 학부모의 만족도가 낮은 선생님과 높은 선생님의 데이터 분석을 하고 이를 활용한 장학을 진행한다면 만족도를 높일 수 있습니다.

상황 4: 교원학습공동체를 적극적으로 활용하겠습니다. 교육청에서는 학교 내, 학교 간 교원학습공동체를 활성화하고 있습니다. 이런 부분을 적극적으로 활용하여 교과 관련 교원학습공동체에서 활동하면서 수업 자료를 공유하고 토의한다면 수업 준비에 대한 어려움을 이겨낼 수 있습니다.

온라인 수업의 미래

16 온라인 수업 시대에 배운 것들을 향후 어떻게 적용할 수 있을지 3가지 방안을 말하시오.

예상 답변

첫째, 자연재해나 일시적 질병이 유행할 때 사용할 수 있습니다. 기존에는 자연재해나 일시적으로 독감이 기승을 부릴 때 수업을 진행하지 않고 학교장 재량하에 휴교하였지만 비대면 온라인 수업에 대한 연습이 되었기 때문에 이런 상황에서도 수업을 진행할 수 있습니다.

둘째, 방학 기간 교직원 회의에 적용할 수 있습니다. 기존에는 방학 기간 중 하루나 이틀을 정해 새 학기 대비 회의를 하였습니다. 하지만 비대면 회의 플랫폼을 사용할 수 있기 때문에 굳이 학교에 가지 않고도 이러한 회의를 진행할 수 있습니다.

셋째, 학교 업무 진행을 편리하게 하는 데 적용할 수 있습니다. 예를 들어 협의록을 쓰거나 도서 구입 시 모든 선생님의 파일을 따로 받았다면 이제는 공유문서를 통해 선생님들의 의견을 한 번에 받습니다. 이처럼 학교에서 이뤄지는 많은 문서 작업의 효율성을 높이는 데 적용할 수 있습니다.

넷째, 과제 중심 수업을 진행하는 데 적용할 수 있습니다. 온라인 개학으로 비대면 상황에서도 학생들과 수업할 수 있는 플랫폼이 상용화되었습니다. 그렇기에 학생들에게 사전에 수업 영상을 제공하고 학교에서는 영상을 통한 과제에 집중할 수 있는 과제 중심 수업이 활발하게 이뤄질 수 있습니다.

온라인 수업의 단점

17 A 중학교에서는 온라인 수업 기간에 교사들이 수업을 녹화하여 제공한다. 그런데 온라인 수업 기간이 장기화되면서 학부모들로부터 자녀들이 수업을 제대로 듣지 않고 음소거를 한 뒤 게임을 하는 등 문제가 많다는 민원이 제기되었다. 녹화 수업의 문제점과 이를 극복할 방안을 각각 2가지씩 말하시오.

예상 답변

녹화 수업의 문제점은 첫째, 긴장감과 현장감이 떨어진다는 것입니다. 효과적인 학습을 위해선 어느 정도의 긴장감과 주의 집중을 할 수 있는 분위기가 필요한데, 온라인 수업은 각자 편한 상황에서 듣게 되므로 딴짓을 하거나 집중력이 떨어질 수 있습니다.

둘째, 교사가 학습 중에 학습 정도를 확인할 수 없습니다. 교실에서는 순회 지도를 통해 학생들의 학습 속도 및 과제 해결 정도를 파악할 수 있으나 온라인 수업에서는 교사가 옆에 있는 것이 아니므로 확인이 어렵습니다.

이를 극복하기 위한 해결 방법은 첫째, 실시간 화상 수업을 제공하는 것입니다. 녹화 영상을 올리는 경우에도 수업 직전 화상 회의나 화상 채팅을 통해 얼굴을 보며 좀 더 현장감 있는 수업 분위기를 형성할 수 있습니다.

둘째, 쌍방향 소통 창구를 열어서 활용합니다. 이를 통해 퀴즈 및 학습활동 풀기 등 과제를 수합하고 피드백하며 학습자의 학습 속도 및 학습 정도를 확인할 수 있습니다.

원격수업에 대한 인식 제고

18

등교수업에 비해 원격수업에 대한 학생들의 인식이 부족하다 보니 수업 시간 중에도 게임을 하거나 누워서 자는 등 문제가 생기고 있다. 원격수업에 대한 중요성을 학생들이 인식할 수 있는 방안으로 3가지 제시하시오.

예상 답변

교사의 면대면 지도가 부재하다 보니 학생들은 원격수업을 경시하는 경향이 있습니다. 원격수업에 대한 중요성을 인식시키는 방법으로 첫째, 원격수업은 등교수업의 연장선임을 강조하겠습니다. 원격수업이 비대면이지만 수업이 이루어지고 있으며 배움과 성장의 시간임을 인식시키겠습니다.

둘째, 원격수업에서 배운 내용이 평가와 관련이 있음을 안내하겠습니다. 과정중심 평가가 중요한 만큼 원격수업에서도 평가가 진행되고 있음을 인지시키고 수업 시간에 보여주는 집중력과 성실함이 좋은 평가를 받을 수 있는 토대가 됨을 안내하겠습니다.

셋째, 시대의 변화와 흐름에 맞춘 적응력이 필요함을 안내하겠습니다. 코로나 시대에 우리 사회는 변화되고 있으며 학교도 변화의 과정을 거치고 있고 원격수업도 그 변화의 일부이며 또 하나의 새로운 교육 방법임을 안내하고 이 변화에 적응하는 태도가 삶의 중요한 태도임을 교육하겠습니다.

2. 온라인 수업 준비

저작권과 초상권 교육

19 학교에서 수업을 준비할 때 외부 자료를 쓸 경우 알아둘 필요가 있는 저작권을 4가지 설명하시오.

예상 답변

첫째, 폰트에 대한 저작권입니다. 폰트는 공공 저작물이 아닌 경우 출처를 밝히거나 해당하는 라이선스에 맞는 조치를 한 후에 이용하여야 합니다.

둘째, 이미지에 대한 저작권입니다. 이미지는 상업적 용도인지 변환이 가능한지 등을 잘 알아보고 용도와 지침에 맞게 사용하여야 합니다.

셋째, 영상에 대한 저작권입니다. 수업에 직접적으로 사용하지 않거나 교육적인 목적으로 사용하지 않는 경우 영상의 사용에 주의해야 합니다.

넷째, 음원에 대한 저작권입니다. 음악 수업과 같이 음원이 필요한 경우가 아닌, 단지 학생들의 주의를 끌기 위한 음원의 사용 역시 저작권에 위배될 수 있습니다.

20

쌍방향 수업 시 학생 및 교사의 초상권과 저작권을 보호하기 위한 방안 3가지를 말하시오.

예상 답변

쌍방향 수업 시 학생 및 교사의 초상권과 저작권을 보호하기 위한 방안은 첫째, 초상권 및 저작권과 관련하여 학교 차원에서 교칙을 제정하는 것입니다. 갑작스러운 온라인 수업의 도입으로 온라인 수업과 관련한 학교 차원의 교칙은 제정되지 않은 상태입니다. 그에 따라 온라인 수업에서 학생들의 문제 행동이 발생해도 제대로 된 조치가 이루어지지 않고 있습니다. 이런 분위기가 지속되면 학생들은 초상권 및 저작권에 대해 가볍게 생각해 더 심각한 문제를 야기할 수 있습니다. 그러므로 온라인 수업에 대한 학교 차원의 교칙을 제정하고 분명한 사후처리를 통해 학생 및 교사의 초상권과 저작권을 보호할 수 있는 학교 분위기를 만들어야 합니다.

둘째, 초상권 및 저작권을 교육하고 학생과 학부모 모두에게 서약서를 받는 것입니다. 기존 학교 현장에서는 학생 및 학부모가 학교 교육과 관련하여 초상권 및 저작권에 대해 잘 알 필요가 없었기에 제대로 알지 못하는 경우가 많습니다. 따라서 개념과 중요성, 침해하였을 때의 조치 등에 대해 정확히 알고 문제가 발생하지 않도록 예방해야 합니다. 또한 교육 후 서약서를 받아두면 추후 문제 상황이 발생하였을 때, 서약서를 근거로 문제를 해결할 수 있습니다.

셋째, 매 수업 전에 '주의사항' 안내 문구를 제시하는 것입니다. '가랑비에 옷 젖는다'라는 말처럼 수업 전에 초상권 및 저작권 안내 문구를 계속 보여주어 학생들이 잊지 않도록 상기시켜 준다면 수업의 초상권 및 저작권을 보호할 수 있을 것입니다.

21

온라인 수업 중 화면에 자신의 얼굴이 노출되는 것을 원하지 않는 학생들이 많은 상황에서 쌍방향 수업으로 수행평가를 진행하기 위해서는 교사가 어떻게 해야 할지 말하시오. (현재 학교에서는 학생들 얼굴을 볼 수 있는 상태에서 쌍방향 수업을 할 때의 수행평가만을 인정하며, 카메라를 가린 상태로 수행평가를 실시할 수는 없음)

예상 답변

첫째, 학생들이 안심하고 수업에서 얼굴을 공개할 수 있도록 설득하는 과정이 필요합니다. 무작정 학생들에게 얼굴을 공개하라고 하면 반감을 살 수 있습니다. 쌍방향 원격수업을 진행하는 것은 활발한 소통과 적극적인 참여를 위한 것인 만큼 좋은 수업 분위기를 위해서는 학생들이 친구들의 모습을 보면서 수업하는 것이 필요함을 언급하고 학생들의 동의를 구하는 것이 먼저입니다.

둘째, 초상권과 저작권 교육을 실시하겠습니다. 매 수업 시간에 학생들에게 초상권과 저작권 침해의 위험성을 경고하고 주의가 필요함을 안내하겠습니다. 한 번 듣는 것으로 끝나는 것이 아니라 지속적인 교육을 통해서 학생들의 의식을 바꿀 수 있도록 하겠습니다.

셋째, 쌍방향 원격수업에서 평가가 이루어지는 만큼 학생들에게 얼굴 공개가 필수적임을 안내하겠습니다. 원격수업 평가의 원칙과 방법을 학생들이 이해할 수 있도록 설명하겠습니다. 특히 얼굴 공개는 원격수업 안에서 공정한 평가를 위해 꼭 필요한 과정임을 이해할 수 있도록 안내하겠습니다.

22

온라인 수업 중 학생들에게 나눠줄 학습지에 올해 출간된 단편소설의 일부를 싣고자 한다. 이 경우 저작권 보호를 위해 할 수 있는 방안을 3가지 이상 말하시오.

예상 답변

저작권은 저작자의 권리와 이에 인접하는 권리를 보호하고 사용자의 편의보다 저작권자의 권리 존중을 바탕으로 하는 법입니다. 이러한 저작권을 보호하기 위한 방안은 다음과 같습니다.

첫째, 수업 목적으로만 사용합니다. 교육적인 목적으로 사용하는 저작물은 일반적인 경우보다 이용 기준이 관대한 편이나, 반드시 '수업 목적으로만 사용한다.'는 약속을 지켜야 합니다.

둘째, 접근 금지 조치를 합니다. 접근 금지 조치는 '수업의 주체인 학생, 교사만 이용하도록 로그인 등으로 접근을 제한하여 이용하도록 하는 조치'를 말합니다.

셋째, 복제 방지 조치를 합니다. 복제 방지 조치를 위해 우클릭 금지, 캡처나 녹화 방지 등의 프로그램을 이용하면 좋습니다.

넷째, 경고 문구를 넣습니다. 저작권법에 관한 주의 및 경고 문구를 수업 자료의 서두에 제시하면 저작물의 부정 이용을 예방할 수 있습니다.

다섯째, 링크 형태를 활용합니다. URL 등 링크를 활용하는 것은 직접적으로 동영상을 복제하거나 전송하는 것이 아니라 동영상으로 찾아가는 주소를 알려주는 것이기 때문에 저작권 침해에 해당하지 않습니다.

여섯째, 출처를 반드시 표시합니다. 수업 자료에 다른 사람의 글이나 자료를 근거로 제시하는 경우에는 누구의 것이며 어디에서 제시된 것인지 등 출처를 반드시 밝혀야 합니다.

 tip.

저작권법의 자세한 설명이 궁금하다면 저작권 관련 영상을 찾아보거나 책 『교사가 진짜 궁금해하는 온라인 수업』 33~50쪽을 읽어보세요.

23

다음 교사들의 대화에서 저작권과 관련한 내용 중 잘못된 점을 말하는 교사의 발화를 모두 찾아 밝히고 왜 잘못되었는지 그 이유와 함께 설명하시오.

김 교사 박 선생님, 온라인 수업을 준비하면서 저작권을 신경 쓰다 보니 평소보다 수업 자료 만들기가 쉽지 않네요. 어떤 걸 신경 쓰면 좋을까요?

박 교사 저도 요즘 저작권 때문에 온라인 수업 자료 만들 때 참 조심스러워요. 사진, 영상, 음악, 유명 캐릭터, 폰트까지 정말 신경 쓸 게 한두 개가 아니죠.

최 교사 제가 들은 말로는 교육적 목적이면 다 된다고 하던데요?

박 교사 그건 반만 맞는 이야기입니다. 수업 목적일 경우 상업적으로 이용할 때보다 저작권 보호에서 벗어나는 자료들이 많은 건 사실이지만 다 되는 건 아닙니다. 『교사가 진짜 궁금해하는 온라인 수업』에 정리된 내용을 살펴보시면 도움받을 수 있을 거예요.

최 교사 그렇군요. 전 책이 없는데 간단하게 설명해주실 수 있을까요?

박 교사 음… 다 기억나는 건 아니어서 정확하지 않을 수 있어요. 첫째, 수업 목적으로만 사용해야 합니다. 둘째, 수업 주체인 학생과 교사만 자료를 이용할 수 있도록 접근을 제한해야 합니다. 셋째, 복제 방지 조치를 취해서 자료가 무단배포되는 것을 막아야 합니다. 넷째, 동영상을 넣을 경우 링크를 활용해야 합니다.

최 교사 명확한 설명 감사합니다. 출처를 반드시 표기하는 것도 중요하다고 들었어요.

김 교사 맞아요. 저 같은 경우 학습지로 단편소설을 실을 때 출처뿐만 아니라 저작권을 보호해야 한다는 경고 문구를 넣기도 해요.

박 교사 경고 문구를 넣으면 좋죠. 그런데 어차피 복제가 어려운 형태로 제공한다면 필수는 아니라고 하니까 경고 문구를 넣을 공간이 없을 땐 생략하셔도 무방합니다.

최 교사 그렇군요. 역시 우리 학교에는 훌륭한 선생님들이 많네요. 앞으로 참고해서 수업 준비하도록 하겠습니다!

> **예상 답변**

잘못된 발화는 첫째, 최 교사의 '교육적 목적이면 다 된다고 하는데요?'입니다. 잘못된 이유는 교육적 목적이라면 '일부'를 사용할 수 있다는 것이 기본 전제이고, 저작물의 성질이나 이용 목적, 형태에 따라 전부를 사용할 수도 있는 것이 원칙이기 때문에 교육적 목적이면 다 사용할 수 있는 것이 아니고 조건을 충족하는 상황에서만 전부 사용할 수 있습니다.

두 번째 잘못된 발화는 박 교사의 '어차피 복제가 어려운 형태로 제공한다면 필수는 아니라고 하니까 경고 문구를 넣을 공간이 없을 땐 생략해서도 무방합니다.'입니다. 경고 문구는 복제가 어려운 형태로 제공하더라도 수업 자료에 반드시 제시해야 합니다.

디지털 리터러시 격차

24

원격수업은 준비 과정에 많은 노력이 요구된다. 효율적으로 수업 영상을 제작할 수 있는 방법은 무엇인지 제시하시오.

예상 답변

첫째, 수업 영상 제작 계획을 세우겠습니다. 무작정 수업 영상을 제작하는 것이 아니라 한 주에 제작해야 할 영상의 개수를 파악하고 적절하게 시간을 배분하겠습니다.

둘째, 동료 교사와 협업하여 수업 영상을 나눠서 제작하겠습니다. 교사 혼자서 수업을 기획하고 구성하기보다 동교과 선생님들과 수업에 대해 논의하고 함께 영상을 제작한다면 시간을 효율적으로 사용할 수 있을 것입니다.

셋째, 손쉽게 수업 영상을 제작할 수 있는 프로그램의 기능을 익히겠습니다. 화려한 기술보다 수업 콘텐츠와 교사의 설명이 중요한 만큼 무엇이 수업 영상의 본질인지 파악한 후에 효율적으로 영상을 제작할 수 있는 방법들을 익히겠습니다.

25

A 교사가 근무하는 학교는 선생님들마다 디지털 리터러시 격차가 큰 상황이다. 공유 드라이브를 통한 협업, 공유 문서를 활용한 공동작업 등 행정업무에 혁신을 가져올 방법을 잘 알고 있는 A 교사는 이를 학교에 적용하고 싶지만 모든 선생님에게 일일이 알려드리기도 어렵고 변화에 조심스러운 학교 분위기로 인해 고민하고 있다. A 교사의 입장에서 교사들 간의 디지털 리터러시 격차를 해소할 수 있는 방안을 설명하시오.

예상 답변

첫째, 관심이 있는 선생님들께 먼저 도움을 드립니다. 티끌 모아 태산이라는 말처럼 선생님 모두를 변화시키기 전에 사용하기에 편리한 기능들을 한 분 한 분 알려드려서 점차 많은 선생님들이 이런 장점을 알고 활용하게 된다면 학교의 디지털 리터러시 격차를 해소하는 데 도움이 될 것입니다.

둘째, 업무를 편하게 할 수 있는 방법을 먼저 실천하고 필요한 선생님께 도움을 드립니다. 예를 들어 공유 문서를 통해 도서 신청을 한 번에 받는다든지 드라이브를 통해 선생님들이 USB나 외장하드를 사용하는 불편함을 없애는 것부터 시작하면 도움이 될 것입니다.

셋째, 정보 선도 교사가 되어서 도움을 드리는 것도 한 가지 방법입니다. 선도 교사의 역할을 맡아 기기를 다루는 데 불편함을 느끼는 선생님들을 찾아가서 도움을 드리는 것뿐만 아니라 리터러시에 관련된 프로그램이나 유용한 앱을 하나씩 알려드린다면 격차를 줄이는 데 도움이 될 것입니다.

넷째, 설명 영상을 제작하여 전체 교직원에게 공유하거나 제가 직접 보고 배운 영상 중 좋은 게 있다면 관련 영상 링크를 공유하겠습니다.

26

온라인 수업이 진행되면서 학력 격차뿐만 아니라 학생들의 디지털 리터러시 격차도 커지는 추세이다. 학생마다 스마트 기기를 다루는 역량이 달라 학력 격차가 더욱 커질 수 있으며 온라인 예절을 모르는 학생들로 인한 문제 상황에 대한 우려도 커지고 있다. 담임교사로서 이를 해결할 수 있는 방안 4가지와 교과교사로서 이를 해결할 수 있는 방안 3가지를 설명하시오.

예상 답변

디지털 리터러시 격차의 해결하기 위해 먼저 담임교사로서 해결 방안은 다음과 같습니다.

첫째, 디지털 시민의식 교육을 하겠습니다. 디지털 정보를 윤리적·법적 기준에 맞게 생산 및 소비하고 자신과 타인의 개인정보를 보호하며 인터넷 예절에 맞게 소통하는 능력을 기를 수 있도록 교육하여 격차를 해소하겠습니다. 예를 들어 학급 밴드나 단체 채팅방을 활용하여 이와 관련한 자료나 링크를 안내하고 교육하겠습니다.

둘째, 연구 및 정보 리터러시 교육을 하겠습니다. 정보를 탐색하고 분별하며 자신에게 필요한 정보를 취사선택할 수 있는 역량을 기를 수 있도록 교육하여 격차를 해소하겠습니다.

셋째, 학급의 1인 1역할 중 '수업 알리미 친구'를 선정해 스마트 기기를 다루는 역량이 부족한 학생을 서로 도와줌으로써 학생들의 관계 형성 및 디지털 리터러시 격차 해소라는 두 마리 토끼를 잡겠습니다.

넷째, 디지털 리터러시 역량의 중요성을 학생들에게 알려주겠습니다. 학생들에게 스마트 기기는 게임이나 웹서핑을 하는 도구였는데, 지금은 수업을 들을 수 있는 도구로 바뀌었습니다. 앞으로도 스마트 기기를 다루는 상황은 지속 확대될 것임을 학생들에게 알려줌으로써 정보처리 역량의 중요성을 알고 스스로 역량을 개발할 수 있는 계기가 되도록 하겠습니다.

교과교사로서 해결 방안은 다음과 같습니다.

첫째, 온라인 교과 수업 첫 시간에 접속 방법, 수업 수강 방법, 기기 다루는 방법을 수업 영상으로 제작하고 안내하여 학생들이 교과 수업을 수강할 때 어려움이 없도록 도와주겠습니다. 학생들은 정확하게 안내된 내용을 학습하면 새로운 것도 빠르게 습득할 수 있습니다. 첫 시간에 수업을 수강하는 방법을 설명하는 방법을 설명한다면 무리 없이 온라인 수업에 참여할 수 있을 것입니다.

둘째, 온라인 수업에서 다양한 방법을 활용하여 과제물을 제출하도록 안내하고 지도하겠습니다. 한 번도 해보지 않은 것과 한 번이라도 해본 것에는 엄청난 차이가 존재합니다. 그렇기 때문에 학생들에게 프로그램을 다루거나 정보를 찾는 기회를 제공하여 적응하게 한다면 학생들의 정보처리 역량의 격차를 줄일 수 있을 것입니다. 학생들이 온라인과 오프라인으로 과제물을 제출할 수 있도록 다양한 방법을 제시하며, 꼭 온라인으로 제출해야 한다면 '온라인 과제 제출 방법'을 별도로 촬영하여 학생들이 어려움을 느끼지 않도록 도와주겠습니다.

셋째, 실시간 수업을 진행하며 수시로 리터러시 관련 교육을 하겠습니다. 학생들과 쌍방향으로 소통할 수 있는 환경에서 교사가 직접 정보를 검색하고, 새로운 프로그램을 활용하는 모습을 보여준다면 학생들은 관찰학습을 할 수 있고 이를 모방하는 과정을 통해 학생들의 디지털 리터러시 능력을 올려줄 수 있습니다.

 tip.

> 디지털 리터러시란 '디지털 문해력'으로, 디지털 기기를 활용하여 원하는 작업을 수행하고 필요한 정보를 획득하고 생산할 수 있는 지식과 능력을 말합니다.

온라인 수업 진행을 위한 사전 교육

27

온라인 수업이 시작되기 전 담임으로서 학생들에게 전달할 필요가 있다고 생각하는 안내사항을 3가지 말하시오.

예상 답변

온라인 수업 진행 시 첫 시간에 학생들에게 전할 사항은 첫째, 온라인 수업의 중요성에 대한 안내입니다. 아무래도 온라인 수업은 오프라인 수업보다 학생들에게 덜 중요하다는 느낌을 주어 학생들이 소홀하게 수업을 들을 수 있습니다. 따라서 온라인 수업이 오프라인 수업과 동일한 수업이며, 수업의 내용과 활동이 평가에 반영될 수 있음을 주지시킬 것입니다.

둘째, 온라인 수업을 들을 때 필요한 준비물과 자세를 안내할 것입니다. 온라인 수업은 아무래도 학교가 아닌 가정에서 듣게 되니 준비 없이 흐트러진 자세로 듣게 될 가능성이 높습니다. 따라서 온라인 수업을 듣기 전 어떤 준비 상태로 임해야 하는지, 또 그러한 자세가 학습 효과에 어떤 영향을 미치는지 알려주어 집에서도 제대로 수업을 들을 수 있게 하겠습니다.

셋째, 초상권 및 저작권에 대한 교육과 인터넷 예절에 대해 안내하겠습니다. 오프라인에 익숙했던 학생들이 온라인으로 수업 공간이 바뀜에 따라 적응하는 과정에서 혼란스러울 수 있습니다. 따라서 온라인 상에서 지켜야 할 기본적인 에티켓과 저작권 및 초상권에 대해 숙지시켜 올바르게 온라인 수업을 들을 수 있도록 하겠습니다.

28

교과교사로서 온라인 수업 첫 시간에 학생들에게 안내할 사항을 3가지 말하시오. (단, 녹화 수업을 한다는 가정 하에 답할 것)

> 예상 답변

첫째, 초상권 및 저작권 침해에 대해 안내하겠습니다. 원격수업에서 교사가 제공하는 수업 영상들을 외부에 공개하지 않도록 교육하고 교사나 친구들의 얼굴을 캡처하여 외부에 공유하지 않도록 지도하겠습니다.

둘째, 수업 운영과 진행방식에 대해 안내하겠습니다. 새로운 원격수업에 적응할 수 있도록 수업의 운영과 진행 과정에 대해서 상세하게 안내하여 학생들이 혼란스럽지 않도록 안내하겠습니다.

셋째, 평가의 세부사항을 안내하겠습니다. 원격수업에서도 평가가 이루어지는 만큼 학생들이 평가에 대해 잘 이해하고 수행할 수 있도록 상세하게 안내하겠습니다.

> **수업 기획 및 수업 단계 설계**

29

신규교사로 발령되어 온라인 수업을 시작한다고 가정할 때, 온라인 수업 준비를 위해 무엇을 어떻게 대비할 것인지 구체적인 계획 4가지를 말하시오.

예상 답변

첫째, 온라인 수업 선도교사 선생님에게 자문을 구하겠습니다. 학교에는 온라인 수업 관련 선도 교사 선생님들이 계시다고 들었습니다. 이런 선생님들에게 자문을 구하고 적극적으로 다가가 배우게 된다면 학교 현장에 빠르게 적응할 수 있을 것입니다.

둘째, 온라인 수업 관련 연수를 수강하겠습니다. 교육청 등에서 온라인 수업 관련 다양한 연수를 제공한다고 들었습니다. 연수에 적극적으로 참여하여 온라인 수업에 대비하겠습니다.

셋째, 수업 자료 제작에 동교과 선생님들의 도움을 구하겠습니다. 동교과 선생님들이 제작하신 수업 자료를 참고하거나 수업 제작에 함께 참여하여 배움으로써 혼자 수업을 진행할 수 있도록 준비하겠습니다.

넷째, 유튜브나 서적을 통해서 온라인 수업 시대에 적응해 나가겠습니다. 온라인 수업 관련해서 유튜브에 다양한 앱이나 프로그램에 대한 설명 자료들이 올라와 있습니다. 이를 활용한다면 분명 빠르게 실무에 적응할 수 있을 것입니다.

30

온라인 수업을 준비할 때 필수적으로 해야 하는 3가지를 말하시오.

> 예상 답변

온라인 수업 준비단계에서 해야 하는 3가지 일은 다음과 같습니다. 첫째, 전체적인 수업의 흐름을 파악할 수 있는 약식 지도안을 작성합니다. 한 시간의 수업이 진행되는 순서인 도입, 전개, 정리를 어떻게 진행하고, 무엇을 가르칠지 정한다면 온라인 수업의 전체적인 흐름이 자연스러워질 것입니다.

둘째, 시나리오를 작성합니다. 온라인 수업을 진행하기 위해 영상 촬영을 진행하다 보면 말이 꼬이거나 개념 설명이 명확히 되지 않는 일이 발생합니다. 그러나 시나리오를 미리 작성해보고 촬영을 한다면 막히는 부분이 줄어들고 수업 촬영을 매끄럽게 진행할 수 있습니다.

셋째, 사전에 수업 매체를 어떻게 활용할지를 정합니다. PPT 녹화를 할지, 실물이 나오게 직접적인 촬영을 할지, 아니면 그냥 녹음만 할지 등 매체를 사전에 정한다면 수업 제작의 방향성을 잡을 수 있을 것입니다.

31

화면에 얼굴이 나오는 것을 원하지 않고 캡처당할까 봐 두려워 쌍방향 수업을 원하지 않는 학생들이 많은 상황이다. 그럼에도 쌍방향 수업을 해야 한다면 어떻게 할지 말하시오.

예상 답변

첫째, 초상권과 관련한 교육을 실시하겠습니다. 학생들은 스마트기기나 컴퓨터를 사용하는 데 익숙하지만 이런 기기들과 관련해서 일어날 수 있는 법적인 문제나 윤리적인 태도에 대해 미숙한 부분이 있습니다. 학교에서도 학생들이 의도하고 범죄를 저지르는 것보다 모르기 때문에 잘못을 저지르는 경우가 많다고 생각합니다. 이런 측면에서 사이버상의 문제가 될 수 있는 교사와 학생들의 초상권 관련 교육을 먼저 실시한다면 온라인 수업에서 교사의 얼굴을 캡처하는 등의 문제를 예방할 수 있을 것입니다.

둘째, 역지사지와 관련한 인성교육을 수시로 하겠습니다. 교사가 이 수업 하나를 제작하는 데 얼마만큼의 시간이 들었는지 학생들은 모르고 있습니다. 그렇기에 수업 시간에 수시로 선생님은 이 수업을 만들기 위해 얼마만큼의 시간을 들였고, 이렇게 어렵게 만든 수업에서 학생들에게 캡처까지 당한다면 어떤 기분일지 선생님 입장에서 생각해 달라고 말하며 진심 어린 대화를 나눈다면 학생들 역시 온라인상의 행동을 조심할 것입니다.

셋째, 수업을 시작하기 전 간단한 구호를 정하겠습니다. 오프라인 수업에서도 수업을 시작하기 전에 '최선을 다하겠습니다', '수학 그렇게 어렵지 않다!'라는 식으로 교사의 특성이나 과목의 특성이 드러난 구호를 외치면서 시작하는 선생님들이 계십니다. 이와 마찬가지로 온라인 실시간 수업 관련 '인터넷 예절을 지키며 수업에 참여하겠습니다'와 같이 학생들 스스로 인터넷 예절의 중요성을 상기하는 구호를 외치게 하고 수업을 시작한다면 초상권 관련 문제가 일어나는 것을 예방할 수 있을 것입니다.

32

교사가 선뜻 영상 제작이나 실시간 수업을 시작하지 못하고 기존의 콘텐츠만을 선호하는 이유 4가지를 말하시오.

예상 답변

첫째, 어떻게 해야 할지 정확한 방법이나 프로그램을 모르기 때문입니다. 갑자기 도입된 온라인 개학에서 교사는 이전에 경험해 보지 못한 원격수업을 실시하여야 했습니다. 방법이나 프로그램을 모르는 상황에서 비교적 쉬운 해결책은 기존 콘텐츠를 사용하는 것이었습니다. 사람이 늘 하던 대로 습관이 굳어지는 것처럼 이후에도 기존 콘텐츠를 사용하는 것이 굳어져 영상 제작을 시작하지 못했을 거라 생각합니다.

둘째, 영상 제작 기자재의 부족입니다. 기존의 학교는 오프라인 수업을 위한 기자재는 다양하게 보유하고 있었지만 마이크나 카메라, 스마트 패드 등 온라인 수업 기자재는 많이 부족한 상황이었습니다. 영상 제작을 하려고 해도 도구가 부족해서 결국 주어진 자료를 사용하게 되었던 것 같습니다.

셋째, 교사의 초상권과 관련해서 갖는 두려움입니다. 누구나 자신의 정보가 불특정 다수에게 공개되는 것을 두려워합니다. 원격수업을 위해 제작한 영상을 업로드하면 교사의 얼굴이 담긴 자료가 인터넷상에 올라가거나 교사 개인의 정보가 불특정 다수에게 공개될 수 있다는 생각이 들 수 있습니다. 이런 두려움에 기존의 자료를 사용한 것이라 생각합니다.

넷째, 기존의 콘텐츠가 더 낫다고 생각해서입니다. 온라인 강사가 만든 수업과 교사의 수업을 비교하면 분명 오프라인 수업에만 익숙한 교사의 수업 영상에 비해 온라인 강사의 수업이 더 높은 퀄리티를 가질 수밖에 없습니다. 이런 이유에서 교사들은 본인들의 수업보다 온라인 강사의 수업이 더 교육에 적합하다 생각하게 되고 결국 강사의 자료를 쓰게 되는 것이라고 생각합니다.

3. 온라인 수업 중

출석 체크

33

원격수업 시 잦은 지각, 결석 등 출결 상황의 개선이 필요한 학생을 지도하기 위한 방안을 2가지 제시하시오.

예상 답변

첫째, 학생과의 라포르를 형성하는 데 주력하겠습니다. 해당 학생과는 출결과 관련해서 연락하는 일이 많을 것이기 때문에 라포르를 형성함으로써 교사의 연락이 학생에게 과도한 스트레스가 되지 않게 노력하겠습니다. 라포르 형성을 위해 학교로 잠깐씩 불러서 대면 상담을 진행하겠습니다. 발열 체크, 마스크 착용 등의 코로나 관련 방역을 최우선으로 하되 학생과 얼굴을 보고 이야기를 나누면서 온라인 출석에 힘든 사항은 없는지 요즘 근황을 물으면서 학생이 출석을 독려하겠습니다. 대면하기 어려운 상황이라면 전화상담이나 문자 등으로 친해지기 위한 연락을 자주 하겠습니다.

둘째, 가정과 긴밀한 협력을 통해 학생을 지도하겠습니다. 학생의 변화는 교사를 통해서만 이뤄지는 것이 아니라 학교와 가정의 협력으로 이뤄지는 것이기에 가정과의 협업을 통해 학생을 지도한다면 분명 효과적인 지도가 될 것이라 생각합니다. 학생의 출결 상태가 개선될 경우 학생뿐만 아니라 학부모님에게도 학생의 긍정적인 변화를 알려 가정에서도 많은 칭찬을 받을 수 있도록 독려하겠습니다.

34

녹화 수업을 다른 친구 또는 학부모가 대신 들어서 출석을 인정받는 것으로 의심되는 학생이 있을 경우 어떻게 할 것인지 말하시오.

예상 답변

사실 의심만 있는 상태에서 교사가 학생을 직접적으로 지적하는 방식에는 어려운 점이 있습니다. 만약 사실이 아니라면 교사와 학생 간의 관계 문제가 더 어렵게 될 수도 있습니다. 따라서 이 문제는 간접적으로 해결해야 한다고 생각합니다. 전체 학생들에게 공지할 수 있는 게시판이나 단체 채팅방을 활용하여 수업 출석 중요성에 대해 윤리적 측면, 규칙적 측면에서 예방 교육을 하겠습니다.

첫째, 윤리적인 측면에서 대리 출석이 옳지 않은 행동임을 가르치겠습니다. 주기적으로 학급 게시글이나 문자, 채팅을 통해 대리 출석이 옳지 않은 행동임을 공지할 것이고, 또한 자신이 한 것이 아니라 부모님이나 친구 등 타인에 의한 출석으로 출결을 하는 것은 책임을 전가하는 행동임을 설명한다면 대리 출석을 줄일 수 있을 것입니다.

둘째, 규칙적 측면에서 학생들에게 온라인 수업 출결에 관한 명확한 기준을 제시하겠습니다. 출석 기준을 명확하게 인지하지 못하고 부모님이나 친구들에게 요구하는 학생들이 있을 것이라고 생각합니다. 또한 그것이 잘못임을 아는데도 불구하고 어떤 처벌이 있는지 인지하지 못하는 경우도 있으므로 출결 기준과 이를 어겼을 시 주어지는 결과에 대해 정확한 공지를 하여 학생들의 대리 출석 현상을 줄일 것입니다.

> 동기 부여

35

교육부는 2020년 2학기부터 각 학교에 쌍방향 수업을 전면적으로 실시하라는 지침을 내렸다. 하지만 학교 현실은 쌍방향 수업에 대해 교사와 학생 모두 어려움을 느끼며 잘 따라오지 못하고 있다. 이러한 쌍방향 수업의 문제점을 제시하고, 이를 어떻게 하면 해결할 수 있을지 해결 방안을 학교와 교사 측면에서 각각 말하시오.

> 예상 답변

쌍방향 수업의 문제는 첫째, 돌발상황이 발생할 수 있다는 것입니다. 예를 들면 접속 오류, 서버 다운, 소음 발생, 채팅창에서의 불건전한 대화 등 기존 오프라인 수업에서 발생하는 돌발상황과는 또 다른 문제 상황이 발생하게 됩니다.

두 번째 문제는 초상권 침해입니다. 쌍방향 수업은 휴대폰, 컴퓨터 등 전자기기를 매개체로 하여 진행됩니다. 따라서 전자기기에 포함된 다양하고 편리한 장치들로 인해 캡처와 공유가 매우 쉽게 이루어질 수 있습니다. 이로 인해 교사 및 동료 학습자의 초상권 및 수업 저작권이 침해당하기 쉽습니다.

이를 극복할 해결 방안으로 학교 차원에서는 첫째, 안정적인 플랫폼을 구축합니다. 서버가 잘 다운되지 않고, 학교 수업에 필요한 기능들을 갖춘 플랫폼을 마련하여 통신 장애로 인한 문제, 팅김 현상 등의 돌발상황을 막을 수 있습니다.

둘째, 다양한 외부 연수 기회를 마련하여 쌍방향 수업에 대해 교사들이 안착하도록 도움을 줄 수 있습니다.

교사 차원에서의 해결 방안은 첫째, 저작권 및 초상권과 인터넷 예절에 대해 학생들에게 끊임없이 안내하는 것입니다. 그러한 안내를 통해 저작권 및 초상권 침해 문제를 방지할 수 있습니다.

둘째, 교원학습공동체를 적극적으로 활용하여 쌍방향 수업시 다양한 돌발 상황에 대처할 방안들을 공유하여 문제를 극복할 수 있습니다.

36

원격수업에 참여하지 않는 학생들이 점점 늘고 있다. 이러한 학생들이 수업에 참여하도록 견인하는 방안을 3가지 이상 말하시오. (여기서 말하는 원격수업이란 과제 제시 형태, 녹화 수업, 쌍방향 수업 모두를 일컬음)

예상 답변

첫째, 칭찬 스티커 제도를 운영하겠습니다. 원격수업에 적극적으로 참여하는 학생들을 격려하고 앞으로 열심히 할 학생들을 독려하는 방법으로 칭찬 스티커 제도를 도입하여 학생들이 원격수업에 능동적으로 참여할 수 있도록 지도하겠습니다.

둘째, 문자와 전화로 독려하겠습니다. 원격수업에 잘 참여할 수 있도록 교사가 지속적인 연락을 취하고 독려한다면 학생들도 처음보다는 더 나아진 모습을 보일 것이라고 기대합니다.

셋째, 학생과 학습 및 정서 상담을 진행해 학생의 어려움을 이해하도록 노력하겠습니다. 원격수업에 참여하지 못하는 다양한 이유가 있을 것이라고 생각합니다. 학생의 입장에서 원격수업을 듣는 데 어려움이 없는지 헤아리고 상담을 통해서 학생의 어려움을 공감하고 도와줄 수 있는 부분을 찾아보겠습니다.

온라인 수업 중 학생들과의 소통

37 과제 제시형 또는 녹화 수업 형태로 온라인 수업을 운영할 때 교과교사로서 학생들의 질문사항에 대해 어떻게 대처하고 해결할 수 있을지 4가지 말하시오.

예상 답변

첫째, 온라인 채팅방을 운영하겠습니다. 학생의 질문을 받을 시간을 공지하고 학생들의 질문에 답하는 시간을 갖겠습니다.

둘째, 매 시간 수업 후 구글 설문지를 통해 학생들이 질문들을 작성할 수 있도록 지도하고 다음 녹화 수업에 학생들의 질문에 대해 설명하는 시간을 담아내도록 하겠습니다.

셋째, 패들렛에 학생들의 질문방을 만들어 학생들이 수업 내용에 관해 질문을 작성하면 동료 학습자 및 교사가 함께 답변을 달아 효율적으로 질문을 해결하겠습니다.

넷째, 교과부장을 지정하여 학급 친구들의 질문을 모아 교사에게 전달하도록 하겠습니다.

38

실시간 쌍방향 수업 시 학생들끼리 채팅창에서 이야기를 하거나 교사가 말하는데 떠드는 등 소란스러운 상황이 일어날 수 있다. 이를 효과적으로 관리하는 방안에 대해 말하시오.

예상 답변

첫째, 실시간 수업의 사전 OT 수업을 통해 안내 사항을 설명합니다. 교실에서는 학생끼리 소곤소곤 떠들면 다른 학생들에게 주는 피해가 크지 않지만 실시간 수업에서는 그 피해가 크기 때문에 조심하라고 당부합니다. 본인 행동의 결과를 설명해줌으로써 학생들의 소란스러운 행동을 줄일 수 있습니다.

둘째, 단체 음소거 기능이 있는 플랫폼을 활용합니다. 교사가 강의식 수업을 할 때는 학생들에게 공지해 음소거를 하게 하거나 일제 음소거 기능을 켠다고 말을 하고 진행하면 소란스러운 분위기를 줄일 수 있습니다.

셋째, 사전에 학생들끼리 비공개로 대화하는 것을 차단합니다. 실시간 프로그램에는 화상 채팅방을 열기 전에 사전 설정하는 창이 있으므로 참여자 간 비공개로 채팅하는 것을 막는 작업을 해놓음으로써 학생들의 사적 대화를 사전에 방지할 수 있습니다.

넷째, 학생들끼리 이야기할 시간을 줍니다. 수업이 시작되었을 때 근황 등을 물으면서 교사가 학생에게 말을 걸고 학생의 답변을 유도한다면 학생들의 말하기 욕구가 어느 정도 해소됨으로써 집중해야 하는 시간에는 집중할 수 있을 것이라고 기대합니다.

기초학력 부진

39 소수의 기초학력 부진 학생들 교과 지도를 맡게 되었다. 온라인 수업 기간 중이라 학생들이 등교하지 않는 기간에 기초학력 부진 학생을 위한 수업을 진행해야 할 때 어떻게 수업할지 3가지 방안을 말하시오.

예상 답변

온라인 수업 기간 중에 기초학력 부진 학생들을 위한 수업을 진행해야 한다면 다음과 같은 방법으로 수업을 진행하겠습니다.

첫째, 줌(Zoom) 등 실시간 화상회의 플랫폼을 활용하여 수업을 진행합니다. 기초학력 부진의 원인은 다양하겠지만 일단 기초학력이 부족하므로 보다 집중적인 특별 관리 수업이 필요합니다. 따라서 영상이나 과제 제공형 수업보다는 실시간으로 수업을 진행하고 반응을 살피면서 집중을 끌어낼 수 있는 실시간 화상 수업을 진행할 것입니다.

둘째, 과제 수합이나 질문을 받을 수 있는 쌍방향 소통 창구를 개설합니다. 기초학력 부진 학생들은 개별적인 수준에 맞는 맞춤식 수업이 필요합니다. 따라서 수업 시간 이외에 과제를 수합하고 피드백하며 또 개별적인 질문을 받을 수 있는 쌍방향 소통 창구를 개설하여 적극적인 개별화 수업을 진행할 것입니다.

셋째, 가장 중요한 건 교사의 개별적인 관심과 애정이라고 생각합니다. 등교하지 않는 기간임에도 불구하고 학생들이 학교에 나와 학습하려는 태도를 칭찬하고 간식을 주는 등의 격려를 아낌없이 하겠습니다.

 tip.

기초학력 결손이 발생하지 않는 교육 방법

기초학습 능력 결손의 문제는 오프라인 수업에서도 항상 있어왔던 문제입니다. 이러한 결손이 발생하지 않도록 하는 교육 방법은 다음과 같습니다.

첫째, 온라인 진단검사를 통해 학생들의 학습능력 수준을 정확하게 파악합니다. 학생들의 수준은 어느 정도인지 혹시 결손이 있다면 왜 결손이 있는지를 파악하여 교과 상담을 하거나 학생들의 수준에 적합한 과제를 부여하는 것도 교육 방법 중의 하나입니다.

둘째, 학생들의 수준에 적합한 수준별 온라인 수업을 제작하고 수강하게 합니다. 진단검사를 토대로 학생들의 수준이 파악되었다면 그 수준에 적합한 보충수업(기존 강의)이나 직접 촬영한 영상 등을 제공하여 학생들이 다양한 학습 기회를 접할 수 있도록 하는 것도 교육 방법 중의 하나입니다.

셋째, 온라인으로 다양한 학습기법을 사용하여 학생들의 흥미와 동기유발을 유도합니다. 흥미롭고 새로운 영상에 관심이 많은 학생들의 심리를 잘 파악하여 기존 인터넷 자료와 수업 자료를 융합하고 제시함으로써 학생들이 주의 집중할 수 있는 교육적 방법 및 기회를 제공합니다.

넷째, 학부모와 지속적으로 연락할 수 있는 관계를 형성합니다. 코로나 19로 인하여 학교뿐만 아니라 가정에서의 역할이 중요해진 시기입니다. 학부모에게 학생들이 지속적으로 관심을 가지고 학습할 수 있도록 지도 방안을 제공합니다. 전화나 문자, 채팅, 메일 등을 통해 학습 자료를 공유하고 이야기 나눌 수 있는 소통의 장을 만드는 것입니다.

> 학력 격차

40

A, B 학생 각각의 상황에 맞게 수준별로 어떻게 온라인 수업을 진행하면 좋을지 말하시오.

학생	A 학생 : 높은 성취도의 학생	B 학생: 낮은 성취도의 학생
상황	A 학생은 질문이 많아서 피드백을 실시간으로 주어야 효과가 높은데 피드백을 실시간으로 주고받기 어려운 상황입니다.	B 학생은 스스로 학습하려는 의지가 떨어져서 동영상을 그냥 누르기만 하고 학습하지 않습니다.

> 예상 답변

성취도가 높은 학생에게는 질문을 받고 수시로 피드백해 주도록 하겠습니다. 질문은 사고력을 확장시킬 수 있다는 점에서 학습에서 매우 중요한 요소입니다. 따라서 쌍방향 소통 창구를 개설하여 학생이 언제라도 궁금한 것이 있을 때 질문할 수 있도록 하겠습니다.

또한 성취도가 낮은 학생을 위해서는 수업에 흥미를 갖도록 동기를 부여하는 것이 중요합니다. 똑같은 수업 내용을 가르치더라도 학생이 이해하기 쉬운 용어로 치환하여 전달하거나 수업 내용과 관련된 흥미로운 영상을 제공함으로써 이해를 돕겠습니다.

tip.

학력 격차의 심화를 예방하고 해결하는 방법

온라인 수업 상황에서 학력 격차가 계속 커질 거란 우려가 있습니다. 이를 예방하고 해결하기 위한 방법은 다음과 같습니다.

첫째, 기초학력 진단검사를 통해 학생들의 수준을 이해합니다. 학기 초에 기초학력 진단검사 결과를 수합하여 얼마나 많은 학생이, 또 어떤 학생들이 학력 격차의 문제를 겪고 있는지 확인하는 것입니다.

둘째, 수준별 학습자료를 제작하고 맞춤형 과제를 제시합니다. 기초학력 진단검사를 통해 가르쳐야 하는 학생들의 수준이 파악되었다면 중위권 수준으로 공통 수업을 진행하고 학력 격차가 있는 학생들을 위한 추가 보충 학습과 과제를 제공하여 일반 수업에 잘 따라갈 수 있도록 도와줍니다.

마지막으로는 개별 피드백을 해줍니다. 보충 학습과 추가 과제를 확인하여 어떤 부분에서 어려움을 겪는지 파악하고 개별적으로 피드백해줌으로써 학력 격차의 어려움을 겪는 학생들이 부족한 부분을 보완하여 학력 격차를 좁힐 수 있습니다.

41

온라인으로 수준별 수업을 진행하는 방법 3가지를 제시하시오.

(예상 답변)

첫째, 수업 자체에 수준별 수업 및 과제를 제시하는 것입니다. 수업 영상을 찍거나 실시간 수업을 운영할 때, 가장 쉬운 개념부터 높은 수준의 개념 설명까지 차근차근 설명한다면 수준이 낮은 학생들은 개념을 쉽게 설명하는 부분의 영상을 반복해서 들을 수 있고, 수준이 높은 학생들은 높은 수준의 개념 강의를 들을 수 있어 수준별 수업이 가능할 것입니다. 또한 자기 수준에 맞는 과제를 선택하게 함으로써 수준별 수업을 실현할 수 있을 것입니다.

둘째, 비공개 채팅으로도 수준별 수업이 가능합니다. 실시간 수업을 듣기 어려워하는 학생들에게 비공개 채팅으로 질문을 받아 답변을 해준다면 수준이 낮은 학생들을 위한 개념 설명과 수준이 높은 학생들의 질문 모두 답변할 수 있습니다.

셋째, 소통하는 플랫폼을 운영하는 것입니다. 학생들이 익명으로 자유롭게 질문하는 게시판을 만들어서 모르는 문제에 대해 물어보게 합니다. 익명이기 때문에 다소 수준이 낮은 질문이라도 다른 학생의 시선을 의식하지 않게 되어 수준별로 피드백이 가능할 것입니다.

> **자유학년제**

42

자유학년제는 중학교 1학년을 대상으로 실시되고 있다. 자유학년제 수업을 원격으로 진행할 때 발생할 수 있는 문제점과 해결 방안을 제시하시오.

> **예상 답변**

자유학년제는 학생들이 시험 부담에서 벗어나 꿈과 끼를 찾는 다양한 체험활동을 하고 학생들의 소질과 적성에 맞는 진로를 개척하는 교육과정입니다.

이러한 자유학년제를 원격으로 진행할 때의 문제점은 다양한 체험활동을 직접 체험하기 어렵다는 것입니다. 실제 활동이 필요한 수업을 영상으로 제작해서 수업을 진행한다고 하더라도 학생들의 흥미를 불러일으키기 어렵습니다.

이를 해결하는 방안으로는 첫째, 블렌디드 수업을 적용하는 것입니다. 원격수업에서 활동 방법을 영상과 선생님의 강의를 통해 배우고 등교수업에서 실제로 실습 활동을 해보게 합니다. 학생들이 이미 원격수업에서 활동 방법을 배웠기 때문에 등교수업 때 어려움 없이 자유학기 수업을 따라갈 수 있을 거라 기대합니다.

둘째, 학생들에게 자료나 영상을 통한 간접경험의 기회를 제공하고 이에 대한 학생의 생각과 느낌을 글과 그림, 동영상으로 다양하게 제출할 수 있도록 합니다. 학교에서의 모든 수업이 직접경험을 통해 이루어지기 어렵다는 것을 이해하고 학생들의 인지, 정서, 행동적 측면에서 진로에 대한 역량을 키울 수 있는 콘텐츠를 기획 개발하여 수업을 통해 제공합니다. 제공된 영상을 보고 학생들이 진로 역량 측면에서 배우고 느끼고 실천할 것을 다양한 형태로 기록하고 누적하여 포트폴리오를 만드는 활동을 통해 보완이 가능합니다.

셋째, VR, AR을 활용합니다. 온라인 상황이라고 하더라도 VR과 AR 같은 기기를 활용한다면 생생한 체험을 할 수 있습니다. 직접 여행을 가지 않아도 다양한 장소의 모습을 보여주는 프로그램을 VR, AR과 접목한다면 학생들의 부족한 온라인 상황 속 체험학습을 보완할 수 있습니다.

넷째, 온라인으로 제공하는 체험교실을 통해 자유학년의 체험을 운영하는 것입니다. 학교로 찾아오는 체험학습처럼 사전에 학생들에게 원하는 수업을 신청하게 하고 해당 수업 준비물을 미리 나눠준 뒤 온라인에서 제공하는 체험 공간에 참여하게 하는 것입니다. 학생들은 온라인이지만 준비물을 이용하여 다양한 공연이나 직업 체험에 참여할 수 있습니다.

> 블렌디드 러닝

43

코로나로 인한 팬데믹 시대, 온라인 수업이 시작되면서 교육 현장에서 많은 변화가 일어났다. 특히 온라인 수업과 대면 수업을 함께 하는 블렌디드 수업의 중요성과 장점이 부각되고 있다. 블렌디드 수업을 정의하고 학생들에게 진정한 배움이 일어나기 위해서는 교사로서 어떤 자세가 요구되는지 설명하시오.

> 예상 답변

블렌디드 수업이란 학습 효과의 극대화를 위해 온라인과 오프라인 교육, 다양한 학습 방법이 혼합된 교육방식을 의미합니다.

블렌디드 수업의 중요성이 나날이 증대되는 이 시점에서 학생들에게 진정한 배움이 일어날 수 있도록 교사에게 필요한 자세는 첫째, 학생의 눈높이에서 학생들을 바라보고 저마다 다양한 학생들의 개별적 특성을 이해하려는 자세라고 생각합니다. 왜냐하면 블렌디드 수업이 가능해지면서 교육은 온라인과 오프라인에서 모두 이루어질 수 있기 때문입니다. 특히 시공간적 제약이 있었던 오프라인 수업에서는 수준별, 개별화 수업이 진행되기 어려웠지만 온라인에서는 개별 학습자의 학습 속도에 맞춰 수업을 진행할 수 있으므로 보다 쉽게 할 수 있습니다. 따라서 학습자 개개인에 대해 이해하려는 자세가 필요합니다.

둘째, 다양한 학습 방법에 대해 이해하고 배우고자 하는 자세가 필요하다고 생각합니다. 왜냐하면 수업이 온라인으로 확대되면서 오프라인 수업에 익숙해져 있던 교사들에게 더욱더 많은 능력이 요구될 것이기 때문입니다. 이에 따라 온라인 수업을 진행하는 데 필요한 학습 프로그램, 학습 자료 등을 적극적으로 연구하고 배우고자 하는 자세가 필요합니다.

44

블렌디드 수업을 진행할 때 온라인 상황에서 하면 좋은 수업과 대면 상황에서 하면 좋은 수업이 무엇인지 구분하여 설명하시오.

> 예상 답변

온라인 수업에서는 개념학습을 진행하여 학생들의 기본적인 지식을 쌓는 수업이 유용합니다. 이론을 이해하고 암기하는 학습은 교사의 구조화된 설명을 듣고 학생 개개인의 반복 학습을 통해서 이루어지는 만큼 원격수업에서 효과를 발휘할 것입니다.

대면 수업에서는 온라인 수업에서 개인적으로 학습한 내용을 점검하고 동료들과 함께 모둠 활동을 진행하는 활동형 수업이 유용합니다. 한 문제에 대해서 모둠원들과 함께 토의 토론하고 해결책을 찾는 수업을 시도한다면 혼자서 생각하지 못했던 내용들을 동료들에게 배우면서 성장하는 시간을 가질 수 있을 것이라 기대합니다.

돌발상황 대처

45. 온라인 실시간 수업을 진행하다가 갑자기 프로그램이 다운되었을 때 대처 방법을 3가지 말하시오.

예상 답변

첫째, 해당 수업의 학생들과 학부모님에게 이 사실을 바로 알려야 합니다. 프로그램이 다운됐기 때문에 수업 진행이 안 된다는 사실을 알려 학생들이 기다리는 일이 없게 해야 하며 학부모들의 문의 전화가 학교에 몰리는 것을 사전에 막아야 합니다.

둘째, 프로그램이 바로 복구되는 경우 학생들에게 이를 알리고 다시 초대하여 수업을 진행하여야 합니다. 프로그램 다운으로 인해 학생들이 수업을 완료하지 않은 상태에서 수업이 종료되었기 때문에 학생의 수업권이 침해당하지 않도록 곧바로 수업을 진행하여야 합니다.

셋째, 프로그램이 바로 복구가 안 될 경우 학생들에게 스스로 할 수 있는 과제를 제시하여야 합니다. 실시간으로 수업을 바로 진행할 수 없다면 학생들과 소통할 수 있는 플랫폼을 통해서 교사의 판단하에 학생들이 스스로 할 수 있는 과제를 학생들에게 안내해야 합니다.

46

온라인 수업 중에 인터넷, 스마트기기 등의 문제로 학생이 갑자기 접속이 어렵다고 할 경우 교과교사로서 어떻게 대처할 것인지 설명하시오.

예상 답변

위 문제는 쌍방향 화상 수업에서 일어나는 돌발적인 상황 중 하나로 교사로서 항상 준비하고 대처해야 하는 상황입니다. 이러한 상황에서 교과교사로서 대처방안은 다음과 같습니다.

첫째, 사전에 실시간 수업 관련 OT를 통해 접속이 어려운 상황의 대처방안을 안내하겠습니다. 예를 들어 '프로그램 다운, 인터넷이나 스마트 기기의 문제 등으로 접속이 제한될 때 선생님에게 문자 보내기'와 같은 규칙을 원격수업 첫 시간에 정한다면 접속 관련 문제뿐만 아니라 다른 문제들이 발생하더라도 정해진 매뉴얼이 있기 때문에 어렵지 않게 대처할 수 있을 것입니다.

둘째, 수업을 녹화하여 제공하겠습니다. 접속하지 못한 학생은 수업에 참여하지 못했기 때문에 학습에 결손이 발생할 수 있습니다. 이에 추후에라도 수업을 들을 수 있도록 학교 홈페이지나 학교 플랫폼에 녹화 영상을 올려 학습 결손을 방지합니다.

셋째, 해당 플랫폼 개발자와 연락을 취해보겠습니다. 동일한 문제가 계속된다면 접속하지 못한 학생은 녹화한 영상을 통해서만 수업에 참여하게 될 것이기에 근본적인 해결이 필요하다고 생각합니다. 따라서 플랫폼 개발자와 연락을 취해보고 접속 문제를 해결하기 위한 시도를 해보겠습니다.

넷째, 접속 문제가 해결되지 않으면 차선책의 루트를 고안하겠습니다. 동시간 접속이 안 된다면 출결 문제나 수업 내용 자체의 학습이 어려운 상황이 누적될 것입니다. 그러므로 과제나 학습지를 제공함으로써 수업 결손을 막고 출결 상황에 문제가 되지 않도록 추가적인 조치를 취하겠습니다.

4. 온라인 수업 후

이해도 파악

47

온라인 수업에서 학생들이 수업을 제대로 듣고 이해하고 있는지 파악하기 위해 교과교사로서 할 수 있는 방법을 3가지 말하시오.

예상 답변

첫째, 퀴즈를 실시하겠습니다. 어려운 내용을 묻는 문제가 아니라 개념 이해를 묻는 쉬운 문제 위주로 재미있는 퀴즈 프로그램을 이용하여 학습한 내용을 잘 이해하고 있는지 확인하는 시간을 갖겠습니다. 부담 없이 문제를 풀면서 학생들 스스로 자신이 잘하고 있는지 파악하는 기회가 될 것입니다.

둘째, 설문지를 활용하여 학생들의 이해 수준을 파악하겠습니다. 수업 후 학생들에게 배운 내용을 어느 정도 이해했는지 그리고 배운 내용 중에서 이해가 잘 안 되고 어려운 부분이 무엇인지 설문을 실시해 파악하겠습니다.

셋째, 일대일 채팅방을 운영하겠습니다. 수업 안에서 학생들과 라포르를 형성한 후 원격수업에서 겪는 어려움은 없는지 채팅방을 통해 학생들과 소통하면서 학생들 개개인의 목소리를 듣는 시간을 갖겠습니다. 학생들이 자연스럽게 자신의 학습 이해 정도가 어느 정도인지, 어떤 부분에서 교사의 도움이 필요한지에 대해서 파악할 수 있을 거라 기대합니다.

피드백

48

온라인 수업 상황에서 수업 참여가 저조한 학생들만 독려하다 보니 오히려 성실한 학생들에게 교사가 관심을 주기 어렵게 되어 역차별을 낳는다는 의견이 있다. 이런 상황에서 교사가 수업에 성실하게 참여한 학생들에게 할 수 있는 피드백 방법을 3가지 제시하시오.

예상 답변

첫째, 댓글로 학생들을 칭찬하는 방법이 있습니다. 온라인 수업을 진행할 때, 출석이 안 된 학생들에게 출석을 독려하기 전에 이미 출석과 과제를 마친 성실한 학생들에게 칭찬 댓글을 다는 것입니다. 온라인 수업에 성실히 참여해줘서 고맙다는 긍정적인 피드백을 통해 성취도가 높은 학생들의 동기를 올릴 수 있습니다.

둘째, 오프라인 수업에서 칭찬해주는 방법도 있습니다. 온라인 수업에서는 한 명 한 명에게 댓글을 달아야 해서 힘든 점이 있습니다. 이에 등교하는 주간에 출결이 좋고 과제를 성실히 한 학생들을 호명하여 칭찬한다면 학생들에게 좋은 피드백이 될 것입니다.

셋째, 학부모님들과 연락을 통한 피드백을 하는 것입니다. 온라인 수업 기간 교사는 교과를 가르치는 학생들에게도 연락하는 경우가 잦습니다. 성취도가 높고 성실하게 참여하는 학생의 학부모님에게 학생이 온라인 수업에서 열심히 하고 있다는 사실을 알리면 가정에서 학부모님들이 학생들을 칭찬하게 되어 이 역시 좋은 피드백으로 작용할 것입니다.

과제를 하지 않는 학생

49 원격수업에서 지속적으로 과제를 제출하지 않는 학생을 지도하는 방법을 말하시오.

예상 답변

첫째, 과제를 제출하지 않은 학생과 상담을 진행하겠습니다. 상담을 통해 학생이 과제를 하지 않는 원인을 파악하고, 선생님이 과제 미제출 상태를 알고 있다는 것을 인지시킴으로써 학생이 과제를 해야 한다는 마음을 갖게 해줄 것입니다.

둘째, 구체적인 통계 자료를 학생에게 안내하겠습니다. 비대면으로 진행되는 수업에서 학생이 자신의 현 수준을 파악하지 못하면 수업 참여에도 부정적인 영향을 미치게 됩니다. 그러므로 학급에 몇 명이 과제를 모두 제출했고 해당 학생의 과제 제출 정도가 실제로 어느 정도인지 안내함으로써 학생이 현 수준을 파악하도록 해 결과적으로 수업 참여와 과제 제출을 독려할 수 있을 것입니다.

셋째, 과제의 난이도를 조절하여 학생들에게 안내하겠습니다. 교실 수업에서는 교사에게 도움을 받거나 주변 친구들의 과제를 관찰함으로써 본인의 과제를 수행할 수 있지만 원격수업에서는 이러한 것들이 불가능하므로 학생들의 과제 체감 난이도는 상대적으로 올라갈 것입니다. 이런 상황을 고민하고 반영하여 학생에게 과제의 난이도를 조절했다고 공지해 준다면 학생들은 과제에 대한 부담을 덜 느끼게 되어 결과적으로 과제 제출률이 올라갈 것입니다.

넷째, 지속적인 피드백을 제공하겠습니다. 과제를 하지 않던 학생이 과제를 제출했을 때 교과 선생님이 별 반응을 보이지 않는다면 이는 일시적인 행동 변화로 끝이 날 것입니다. 학생의 과제 제출이 학습 태도 개선으로도 이어질 수 있도록 과제를 제출했을 때 학생에게 충분한 보상이 되는 칭찬과 격려의 피드백을 해야 합니다. 이런 과정이 지속된다면 학생이 과제를 미제출하는 빈도가 낮아질 것이라고 생각합니다.

50

원격수업의 과제를 학부모가 대신 해주는 것으로 의심될 경우 대처 방법을 말하시오.

(예상 답변)

원격수업의 과제를 학부모가 대신 해주는 것으로 의심될 경우 다음과 같은 단계에 따라 대처할 것입니다.

1단계는 먼저 학생과의 상담을 통해 상황을 확인할 것입니다. 이때는 학생이 궁지에 몰리는 기분이 들지 않도록 온화한 분위기에서 솔직하게 말할 수 있도록 하겠습니다.

2단계로 사실 파악이 된 경우 학생에게 이유를 물어보고 진정한 학습의 의미와 온라인 수업의 중요성에 대해 알려주고 자신의 행동을 반성할 수 있도록 설득할 것입니다.

그리고 나서 3단계로 학부모님께 연락하여 학생과의 상담 내용을 밝히고 학생이 스스로 과제를 하는 분위기를 만들어주실 것을 부탁하겠습니다.

과정중심평가

51

원격수업 시 과정중심평가를 진행할 수 있는 방법이 무엇인지 제시하시오.

예상 답변

첫째, 학습 플랫폼을 구축하여 학생의 활동 과정을 누적하겠습니다. 한 번의 평가로 끝나지 않고 꾸준히 누적된 원격수업의 학습 결과물은 학생의 성장발전 과정과 능력을 보여줄 것입니다.

둘째, 포트폴리오 평가를 진행하겠습니다. 단순히 학습 결과물을 누적하는 것에 머물지 않고 동료 학습자와 교사의 피드백을 받아 이전의 결과물에서 새로운 결과물을 창출한 노력의 과정에 대해 객관적이고 공정한 루브릭을 통해 평가를 진행하겠습니다.

셋째, 원격수업과 등교수업이 연계된 평가를 진행하겠습니다. 원격수업과 등교수업이 동떨어진 것이 아니라 연계된 과정임을 안내하고 유기적으로 연결될 수 있는 평가를 진행하겠습니다.

52

쌍방향 수업으로 수행평가를 진행할 때의 장점 및 단점을 2가지씩 설명하시오.

예상 답변

먼저 장점입니다. 첫째, 학생들의 높은 참여도를 끌어낼 수 있습니다. 선생님과 다른 친구들과의 소통 없이 컴퓨터를 보면서 수행평가를 진행한다면 학생의 수업 참여도는 떨어질 수밖에 없습니다. 하지만 평가가 실시간으로 진행된다면 동 시간대에 다른 학생들과 평가에 참여하기 때문에 학생들의 참여도가 올라갈 것입니다.

둘째, 공정한 평가가 될 것이라는 점입니다. 평가란 학생이 가진 본래의 능력을 평가하는 것입니다. 만약 실시간으로 학생들의 모습이 보이지 않은 상태에서 평가가 이루어진다면 학부모님이나 학원 선생님의 도움이 있었는지 확인할 수 없기 때문에 공정성에서 문제가 됩니다. 실시간 평가는 이러한 공정성의 문제를 해결할 수 있습니다.

다음으로 단점 두 가지를 말씀드리겠습니다.

첫째, 교사의 피드백에 대한 문제가 발생합니다. 수행평가에서 교사는 한 반 전체 학생들의 과제를 보고 피드백을 해주면서 소통하고 그 과정에서 다른 학생들 역시 과제를 제출하는 정보를 얻지만 온라인 수업의 경우 학생 과제에 대한 교사의 피드백이 원활하지 않다는 단점이 생길 수 있습니다.

둘째, 평가 내용에 대한 유출의 우려가 있습니다. 평가가 온라인으로 진행되기 때문에 쉽게 스크린 캡처를 통해서 평가 자료를 복사할 수 있고 이를 통해서 평가 자료가 유출되는 문제가 생길 수 있습니다.

PART
3

온라인 학급 경영

- 담임 활동
- 학생과의 소통
- 학부모와의 소통
- 생활지도

1. 담임 활동

담임 철학

53

온라인 수업이 장기화된다면 학급 담임으로서 학생들에게 추가적으로 새롭게 강조하고 싶은 덕목 3가지는 무엇인지 근거와 함께 설명하시오.

예상 답변

온라인 수업이 장기화되면서 담임교사에게 새로운 역할이 부여되고 있습니다. 이러한 상황에서 담임으로서 학생들에게 강조하고 싶은 덕목과 근거는 다음과 같습니다.

첫째, 디지털 시민의식을 강조하겠습니다. 디지털 시민의식은 인터넷 안전, 프라이버시 및 보안, 사이버 폭력 예방, 법적, 윤리적 책임 의식 등의 다양한 내용을 포함하고 있습니다. 장기화되는 원격수업 상황에서 학생들에게 꼭 필요한 덕목인 디지털 시민의식을 강조하고 교육한다면 학생들은 건전하고 올바른 온라인 시대를 이끌어 갈 것이라 생각합니다.

둘째, 지식 및 정보 리터러시를 강조하겠습니다. 지금 우리는 정보 과잉의 시대를 살고 있습니다. 정보가 부족해서가 아니라 방대한 양의 정보 중에 우리에게 필요한 정보를 적절하게 찾아내지 못해 어려움을 겪는 경우가 많습니다. 따라서 지식 및 정보의 리터러시를 강조하고 교육한다면 정보를 탐색하고 학생들은 자신에게 필요한 정보를 취사선택할 수 있을 것입니다.

셋째, 온라인으로 의사소통을 할 수 있는 능력을 강조하겠습니다. 오프라인 수업에서도 강조된 의사소통 능력은 원격수업을 통한 실시간 쌍방향 플랫폼의 대중화로 인해 그 중요성이 더욱 대두되고 있습니다. 앞으로는 대면적인 소통뿐만 아니라 비대면의 소통도 늘어날 것이기에 온라인에서의 의사소통 능력은 학생의 삶에 필수적인 능력이 될 것입니다. 따라서 학생들에게 온라인 의사소통 덕목의 중요성을 알려주고 교육하겠습니다. 학생들에게 온라인 의사소통 능력을 강조하고 교육한다면 올바르고 효과적인 관계 형성의 밑거름이 될 수 있기 때문입니다.

54

온라인 학급 경영을 잘하기 위해 교사로서 갖춰야 할 역량과 그 이유를 4가지 말하시오.

예상 답변

온라인 학급 경영을 잘하는 데 필요한 역량 4가지는 다음과 같습니다. 첫째 '공평함'입니다. 온라인과 오프라인에 상관없이 제일 중요한 역량이라고 생각합니다. 대부분 아이들이 제일 싫어하는 선생님이 '차별하는 선생님'이라고 합니다. 따라서 아이들에게 선입견을 가지지 않고 차별 없이 모두를 공평하게 대하는 것이 중요합니다.

둘째, '공감 능력'이 필요합니다. 각기 다른 상황에 처해 있는 학생들의 감정에 공감해줄 수 있어야 하기 때문입니다.

셋째, '의사소통 능력'이 중요합니다. 학생들과 소통할 일이 많은 담임 교사가 학생들을 존중하고 그들의 얘기에 경청하여 원활하게 상호작용할 수 있어야 하기 때문입니다.

넷째, '문제해결 능력'입니다. 학급 운영을 하다 보면 다양한 문제 상황에 직면하게 됩니다. 이때, 문제에 적극적으로 접근하여 현명하게 해결하고자 하는 역량이 필요합니다.

55

담임으로서 학급을 이끌어 나가기 위해 "학급 규칙 세우기"는 중요한 일이다. 학기 초 온라인으로 학급 경영을 할 때 어떤 학급 규칙을 세울 것인지 3가지 이상 말하고 그 규칙을 만든 이유를 설명하시오.

예상 답변

첫째, 원격수업 출석 성실하게 하기를 규칙으로 세우겠습니다. 비대면 상황이다 보니 자칫하면 학생들이 게을러지고 불성실해지기 쉬운 만큼 학생들이 각 교과 시간에 출석 체크를 실시하고 수업을 들을 수 있도록 하겠습니다.

둘째, 온라인 상황에서 예절 지키기를 규칙으로 세우겠습니다. 얼굴이 보이지 않는 원격수업에서 학생들이 익명성에 숨어 심한 욕이나 예의 없는 행동을 하는 경우가 발생하지 않도록 서로 존중과 예절의 중요성을 강조하겠습니다.

셋째, 매일 감사일기 쓰기를 통해 감사의 태도를 갖출 수 있도록 지도하겠습니다. 이런 감사의 태도는 어렵고 힘든 상황에서 좌절하지 않고 긍정적인 태도를 통해 극복할 수 있는 힘을 갖도록 만들기에 학생늘에게 좋은 영향을 미칠 것이라고 기대합니다.

조·종례 방법

56 온라인 조·종례를 할 때 담임교사로서 단순한 출결 관리 외에 의미 있는 조회 시간을 만들기 위해 어떤 것을 할 수 있을지 3가지 이상의 방안을 마련하시오.

예상 답변

첫째, 학생들과 온라인상에서 담소를 나눕니다. 교사와 학생이 얼굴을 보면서 대화하는 시간이 많지 않은 온라인 상황에서 학생들에게 몇 시에 일어났는지, 아침밥은 먹었는지, 요즘 힘든 일이나, 잠은 잘 자고 있는지 등을 묻는다면 조금씩 학생과 교사 간 라포르가 형성되는 데 도움이 될 것입니다.

둘째, 수행평가에 대한 안내를 고지해 줍니다. 실시간 수업이 진행되면서 온라인으로 수행평가를 진행하는 교과들이 있는데, 온라인 상황이라 학생들은 평가가 진행된다는 사실을 놓치기 쉽습니다. 사전에 뽑은 학급 알리미가 수행평가나 오늘 예정된 중요한 내용에 대해 학생들에게 공지해 준다면 의미 있는 조회가 될 것입니다.

셋째, 아침 신문 읽기를 합니다. 사회적 이슈나 학생들이 좋아하는 가수 등 학생들이 관심을 가질 만한 주제의 신문 기사를 찾아서 학생들과 읽어 보고 대화를 해본다면 이 역시 의미 있는 조회가 될 것입니다.

넷째. 아침잠 깨우기 스트레칭을 합니다. 실시간 조회를 진행하다 보면 방금 잠에서 깨어 졸린 눈으로 들어오는 학생들이 많이 있습니다. 이에 함께 잠을 깨우는 스트레칭을 함께 한다면 학생들의 수업 참여에도 도움이 되고 의미있는 조회가 될 것입니다.

다섯째, 독서활동을 진행합니다. 학생들에게 안내 사항만 전달하고 조회를 끝내는 것이 아니라 학생 스스로 읽고 싶은 책을 골라 10분 정도 책을 읽고, 읽은 내용 중 인상 깊은 내용을 공유한다면 의미 있는 시간이 될 것입니다.

여섯째, 게임 활동을 진행합니다. 새로운 반에서 서로 얼굴을 보면서 친해져야 하지만 그렇지 못하기에 학생들 사이에 어색함이 있을 것입니다. 우리 반 학생 이름 맞히기, 선생님 이름으로 삼행시 짓기, 영화 제목 초성 퀴즈 등 게임을 진행한다면 학생들 간 친밀감을 쌓을 수 있을 것입니다.

일곱째, 학습일지 작성하기입니다. 오늘 있을 수행평가나 수업 진도를 확인하고 10분간 간략한 학습일지를 적는다면 온라인 수업 상황에서 학생들의 올바른 학습 습관을 기를 수 있을 것입니다.

57

온라인 수업 기간이 길어지면 대면 학급 행사를 거의 할 수 없어 학생들이 같은 반임에도 서로 어색해하는 등 관계 형성에 어려움을 겪게 된다. 이러한 상황에서 학생들 간 라포르를 형성하고 친해질 수 있는 온라인 학급 행사(활동)에는 어떤 것들이 있는지 3가지 이상 말하시오.

예상 답변

대면 관계 형성 기회가 줄어들다 보니 비대면 상의 관계 형성이 더 큰 비중을 차지하게 되었습니다. 이러한 상황에서 학생들 간 라포르를 형성하기 위한 방안은 다음과 같습니다.

첫째, 온라인 마니또를 하겠습니다. 온라인으로 할 수 있는 사다리 타기를 통해 서로의 마니또를 정한 뒤 일주일에 한 번 이상 마니또인 친구에게 좋은 글귀, 말, 음악, 그림 등을 전달하게 하는 것입니다. 담임선생님이 전달자가 되어준다면 익명을 보장할 수 있는 마니또의 취지도 잘 지켜지며 친구들 사이에 좋은 마음도 생겨날 것입니다.

둘째, 온라인 생일파티를 진행하겠습니다. 실시간 화상회의를 통해서 월초나 월말에 한 날짜를 정해서 그달의 생일자에게 생일 파티 노래와 미리 준비한 축하 영상을 틀어주고 간단한 선물을 지급하겠습니다. 그렇게 한다면 생일자들은 친구들의 소중함과 고마움을 느낄 뿐만 아니라 자신이 얼마나 소중하고 아름다운 존재인가를 한 번 더 알 수 있습니다.

셋째, 온라인 칭찬 릴레이를 하겠습니다. 번호나 사다리 타기로 순서를 정해 매일 아침 한 명씩 차례대로 칭찬 릴레이를 하는 것입니다. 교사부터 시작하여 학급 밴드의 채팅이나 게시글에서 칭찬 릴레이를 한다면 긍정적이고 따뜻한 분위기로 하루를 시작할 수 있기 때문입니다.

넷째, 사진 및 동영상 콘테스트를 진행하겠습니다. 학생들이 자신의 일상을 기록한 사진이나 동영상을 친구들과 공유함으로써 비대면 상황에서도 친구들과 공감대를 형성하는 기회가 될 것입니다.

다섯째. 학급의 추억 기록하기를 진행하겠습니다. 패들렛 프로그램을 활용하여 학급 행사에서 찍은 사진들을 공유하고 학생들이 댓글을 통해서 서로 소통하는 시간을 가질 수 있을 것이라 기대합니다.

58

첫 담임을 맡아 온라인 학급 경영을 시작한다고 가정할 때, 담임교사로서 첫 시간에 아이들에게 안내해야 할 사항과 그 이유를 말하시오.

예상 답변

첫 담임을 맡아 온라인 학급 경영을 시작할 때, 담임교사로서 첫 시간에 안내하고 싶은 사항은 다음과 같습니다. 첫째, 담임 교사를 소개하겠습니다. 저에 대해 잘 모르는 학생들을 위해 이름과 담당 교과, 중요하게 생각하는 가치 등을 안내하고 싶습니다.

둘째, 학급 경영의 목표를 안내하겠습니다. 하나의 학급으로서 하나의 목표를 설정하는 것은 공동체 의식을 기르는 데 매우 중요하다고 생각합니다. 제가 중요하게 생각하는 학급 경영의 목표를 제시할 수도 있고, 기회가 된다면 학생들이 생각하는 중요한 학급의 가치 등을 설문하여 투표 등으로 정하고 싶습니다.

셋째, 학사일정 및 시간표에 대해 안내하겠습니다. 특히 온라인으로 수업이 진행되는 경우 교사가 개별적으로 안내하는 것이 어렵기 때문에 학사일정과 시간표를 안내하여 일정에 혼선이 없도록 할 것입니다.

넷째, 온라인 수업의 운영 방식에 대해 안내하겠습니다. 학년에 따라 온라인 수업에 대한 이해가 저마다 다르겠지만 기본적으로 온라인 수업을 하기 위한 기초작업을 담임교사가 해주어야 한다고 생각합니다. 따라서 온라인 수업에 필요한 회원가입 등의 절차를 안내할 것입니다.

다섯째, 온라인 학급 규칙을 소개하겠습니다. 한 학급이 원활하게 운영되기 위해서는 규칙을 바로 세우는 것이 중요합니다. 따라서 온라인 학급 회의를 통해 학급 규칙을 설정하도록 하겠습니다.

공지사항 전달

59

온라인 상에서 학생들에게 공지사항을 쉽고 효과적으로 전달할 수 있는 방법 3가지를 설명하시오.

예상 답변

첫째, 학생들 단톡방과 학부모님 단톡방을 운영하는 것입니다. 온라인 상황에서는 특히 학생들에게 전해야 할 공지사항이 많습니다. 이에 학부모님 단톡방과 학생의 단톡방을 만들어서 놓치면 안 될 중요한 공지사항은 양쪽에 모두 올리는 식으로 운영하면 공지사항을 쉽게 전달할 수 있습니다.

둘째, 공지사항을 종례신문이나 공지사항 같은 문서로 만들고 사진을 찍어서 보내는 것입니다. 학생들이 텍스트는 쉽게 지나쳐도 사진은 내용을 열심히 보는 경우가 많습니다. 사진을 찍어서 보내면 학생들의 주의를 상기시키면서 내용을 전달할 수 있습니다.

셋째, 학생들 중 온라인 학급방 알리미를 선정하는 방법이 있습니다. 온라인 공지사항 알리미로 뽑힌 학생이 공지사항을 학생들에게 안내하게 하면 교사와 학생이 공지사항을 함께 제공하기 때문에 효율적인 안내가 될 것입니다.

자기주도 학습 분위기 형성

60

담임 교사로서 온라인 수업 기간에 학생들의 자기주도학습 능력을 어떻게 향상시킬 것인지 3가지 방안을 제시하시오.

예상 답변

담임 교사가 직접 학생들을 만나지 못하는 온라인 수업 기간에 반 학생들의 자기주도학습 환경을 조성하는 방법은 다음과 같습니다.

첫째, 반 학생들 모두 자신만의 학습 목표를 세우도록 하는 것입니다. 자기주도학습 능력에서 중요한 것은 학습에 대한 동기부여입니다. 따라서 지난 시험에 대한 고찰이나 자신의 현 학습 상태를 파악하여 도달 가능한 학습 목표를 세우도록 할 것입니다.

둘째, 학습 목표에 따라 학습 플래너를 작성하도록 하는 것입니다. 요즘엔 꼭 학습 플래너를 사지 않더라도 다양한 플래너 양식들이 공유되고 있습니다. 학생들에게 적합한 플래너 양식을 공유해주고 일정 기간의 계획을 짤 수 있게 한 뒤 개별 피드백을 통해 계획을 실천할 수 있게 도울 것입니다.

마지막으로 계획된 기간이 종료될 때, 학생들의 계획이 얼마나 지켜졌는지 살펴보거나 학습 결과물을 수합하여 본보기가 될 만한 것을 반 전체에 공유하여 서로의 학습 동기를 자극할 수 있도록 할 것입니다.

의미 있는 임원 활동

61

온라인 수업이 장기화되는 상황에서 학급회장, 학생회장의 활동이 예전에 비해 현저히 줄자 그동안 학급 임원에게 주던 내신 가산점을 없애자는 의견이 교직원회의에서 나왔다.
A 교사는 그래도 작년과 같은 기준을 적용해서 가산점을 줘야 한다고 주장하였고, B 교사는 다른 학생들과 다를 게 없는 학교생활을 했으므로 가산점을 주면 안 된다고 주장하였다.
두 교사 중 타당하다고 생각하는 교사의 입장을 선택하여 왜 그렇게 생각하는지 이유를 설명하고, 반대 측 교사를 설득하시오.

예상 답변

A 교사의 입장 선택:
첫째, 온라인 수업 상황이라고 해도 학생들이 직접 뽑은 학급 임원이라는 사실에는 변함이 없습니다. 학생들이 선택했다는 사실만으로도 학생회에 속한 임원들은 가산점을 받을 자격이 있습니다.
둘째, 학교 학생회 규정에 학생회 임원들은 가산점이 부여된다고 정확하게 명시되어 있습니다. 사전에 학생회 규정을 바꾼 것이 아니기에 온라인 상황에서 임원이 하는 일이 없다고 해서 임의로 가산점을 주지 않는 것은 정당하지 않습니다.
셋째, 교사들이 토의하여 학생회 임원들이 지금 해야 할 일을 제시한다면 학생 임원들은 활동을 할 것이라 생각합니다. 학생회라고 할지라도 아직 주도적으로 일을 할 수 있는 능력이 부족할 수밖에 없으므로 학생들이 온라인 상황에서 할 수 있는 일을 주고

시킨다면 충분히 일할 수 있고 그 일에 대해서 가산점을 주면 될 것입니다.

B 교사의 입장 선택:
첫째, 가산점이란 특별하게 기타적인 점수를 주는 것입니다. 그렇기에 추가적인 점수에는 그에 따른 행동이 있어야 합니다. 하지만 학생회는 지금 아무런 행동을 하지 않고 있기에 점수를 받기에 정당하지 않습니다.
둘째, 학교에서 학생들에게 가르치는 도덕적 사고에 위배됩니다. 특정한 보상을 받으려면 노력이 선행되어야 하며 이는 학교에서 학생들에게 가르쳐야 하는 원칙입니다. 단지 학생회가 되었다고 가산점을 받는다면 학생들은 어떤 자리에 앉기만 하고 별 노력을 하지 않아도 보상을 받는다는 잘못된 생각을 가질 것이고 이것은 학교의 가르침에 반대되는 것입니다.

62

온라인 수업이 장기화된 상황에서 담임으로서 학급회장에게 부여할 수 있는 유의미한 역할은 무엇이 있을지 설명하시오.

> 예상 답변

오프라인 때 반에서 학급회장의 역할이 중요했듯이 온라인 수업 상황에서도 학급회장의 역할은 중요합니다. 따라서 담임으로서 학급회장에게 부여할 수 있는 유의미한 역할은 다음과 같습니다.

첫째, 학생 채팅(단톡)방을 관리하는 역할입니다. 채팅방에서 담임선생님이 알아야 할 문제가 발생한다면 이를 담임선생님에게 알리고 해결방법을 의논하여 단톡방을 잘 관리하는 역할을 주겠습니다.

둘째, 학급의 소식을 전달하는 역할입니다. 학급의 다양한 소식들을 학급회장에게 전달하여 학급회장이 반 친구들과 공유하고 의견을 나누면서 학급자치가 이루어지도록 분위기를 만드는 역할을 주겠습니다.

셋째, 선생님이 눈치채기 어려운 친구들 간의 교우관계 문제 등이 파악될 경우 담임선생님에게 즉시 알리고 문제가 심각해지지 않도록 학급 분위기를 조성하는 역할을 부탁하겠습니다.

2. 학생과의 소통

수업 관련 학생 민원

63

온라인 수업 상황에서 휴대폰이 없는 학생과 소통할 수 있는 방법을 3가지 말하시오.

예상 답변

온라인 수업 상황에서 휴대폰이 없는 학생과 소통하는 방법은 첫째, PC로 가능한 소통 방법을 찾아보는 것입니다. 밴드나 메일 등 휴대폰 없이 소통할 수 있는 방법을 찾고 학생과 시간을 약속하여 매일 약속된 시간에 교사의 알림을 확인할 수 있도록 합니다.

둘째, 집 전화를 활용하는 것입니다. 일정 시간을 정해 유선 전화로 연락하여 중요 공지사항을 전달하거나 상담 등의 학급 활동을 진행할 수 있습니다.

셋째, 가까운 친구에게 부탁하거나 1인 1역으로 안내 도우미를 설정하는 것입니다. 학생들끼리 많이 이용하는 페이스북 메시지, 인스타그램 다이렉트 메시지 등은 PC로도 이용이 가능하므로 휴대폰이 없는 학생들과 소통할 수 있습니다.

> 수업 독려

64

온라인 수업에 불참하는 학생들이 많은 반의 담임교사로서 반 학생들의 온라인 수업 출석 독려를 어떻게 할 것인지 해결 방안을 3가지 말하시오.

> 예상 답변

첫째, 완강한 학생들을 시상하고 격려하겠습니다. 성실하게 수업에 참여한 학생들에게 상을 줌으로써 다른 학생들의 귀감이 될 수 있도록 칭찬하는 시간을 갖겠습니다.

둘째, 칭찬 스티커를 사용하겠습니다. 특정 기간 동안 학급 전 인원이 출석을 잘한 경우에 칭찬 스티커를 주고 일정 개수를 넘기면 학생들에게 간식 등의 보상을 제공하는 활동을 통해서 학생들이 기대감을 갖고 열심히 할 수 있도록 지도하겠습니다.

셋째, 학생에게 자주 안부 전화를 걸어서 원격수업에서 힘든 점을 듣고 어려운 부분이 파악되면 도움을 제공하겠습니다. 지속적으로 수업을 듣지 않는 이유는 다양할 것이므로 먼저 학생과 온라인 상으로 충분한 이야기(상담)를 나누어 학생의 정확한 상황을 파악하고 물리적인 문제(인터넷, 기기 등)인지 심리 또는 개인적인 문제(게으름, 하기 싫음, 피곤함 등)인지에 따라 적절하게 지도합니다.

3. 학부모와의 소통

수업 관련 학부모 민원

65
다음 상황에서 김 교사가 학부모와 전화할 경우 어떻게 말하는 것이 좋을지 구체적인 방법 3가지를 담아 실제 대화처럼 말하시오.

김 교사의 온라인 수업을 본 학부모가 수업이 자기 아이 수준에 비해 너무 쉽고 학습 분량이 적다면서 다음 수업부터는 수준을 높이고 학습 분량을 늘려달라는 메시지를 보냈다.

예상 답변

안녕하세요 ○○ 어머님. 어머님께서 말씀하시는 바에 충분히 공감합니다. ○○이가 수업을 잘 따라오고 있어서 조금 더 높은 수준으로 공부하길 바라실 수 있어요. 다른 학생들보다 우수한 편이니까요. 제가 수업 분량을 줄이는 이유와 어머님께서 걱정하시는 점을 해결할 수 있는 방안에 대해 말씀드리겠습니다.

첫째로는 다양한 학생들의 수준을 맞추기 위해서입니다. 학교는 아무래도 수준 차이가 있는 다수의 학생들을 대상으로 수업을 진행합니다. 그렇기에 개인별 맞춤식 수업을 진행하는 게 참 어렵습니다. ○○이처럼 잘하는 친구들도 있지만 이 정도 수업도 어렵고 버거운 친구들도 있으니까요. 그래서 제가 공통 수업의 난이도를 ○○이에게 맞게 높이기는 다소 어렵지만 수준별 과제나 심화 학습 자료를 제공하여 최대한 다양한 학습자의 수준을 고려할 수 있도록 노력하겠습니다.

둘째는 수업 분량을 늘릴 경우 학습 이탈자가 생기는 문제가 발생활 수 있기 때문입니다. 온라인 수업에서는 학생과 교사의 상호작용이 교실 수업처럼 활발하게 이뤄지기 힘듭니다. 분량이 늘면 학생들이 수업에서 느끼는 지루함은 배가 되고, 그러다가 점차 학생들이 수업을 포기하게 되는 경우를 자주 봐왔습니다. 낯선 온라인 상황에서 학생들에게 적응하기 편한 수업이 이뤄져야 하고 이런 이유에서 분량을 조절한 것입니다. 이렇게 수업을 진행해도 정해진 교육과정을 모두 이수할 수 있으니 걱정 안 하셔도 될 것 같아요.

셋째, 저는 완전학습을 지향하기 때문입니다. 교사로서 제 목표는 한 명의 낙오자도 생기지 않길 바라는 마음으로 모든 학습자가 학습 목표에 도달하는 것을 지향하고 있습니다. 따라서 ○○이가 온라인 수업에서 여유가 생긴다면 수업을 따라오지 못하는 친구들을 챙겨주고 가르쳐주면서 ○○이의 이해도를 더 높일 수 있는 방안도 생각해보겠습니다.

제 말씀 경청해주시고 이해해주셔서 감사합니다. 앞으로도 건의 사항이 있으시면 편하게 오늘처럼 연락주세요.

66

원격수업 시 학생들의 개인차로 과제를 빠르게 끝내고 다른 일을 하는 학생들이 있어 민원이 들어오는 경우가 있다.
이러한 상황을 해결할 수 있는 방법을 제시하시오.

> 예상 답변

첫째, 수업 과제를 빨리 끝낸 학생에게 추가적으로 할 수 있는 과제를 안내하겠습니다. 과제를 빨리 끝낸 후 의미 없이 시간을 낭비하지 않도록 추가 과제를 준비하여 학생들이 그 시간을 유용하게 활용할 수 있도록 지도하겠습니다.

둘째, 그동안 배운 것들을 스스로 점검할 수 있는 시간을 제공하겠습니다. 학습에서 복습은 매우 중요한 과정이므로 학생들이 배운 내용을 다시 학습할 수 있도록 학습 자료를 제공하겠습니다. 혼자서 학습한 내용을 복습함으로써 자기주도 능력을 자연스럽게 키울 수 있을 것이라 기대됩니다.

셋째, 아직 끝나지 않은 친구들을 돕도록 하겠습니다. 친구들을 가르치고 돕는 과정은 오히려 가르치는 사람에게 더 큰 도움이 된다는 장점과 친구를 도움으로써 갖게 되는 뿌듯한 마음을 알려주겠습니다.

67

원격수업 상황에서는 실제 교실과 다르게 학생들을 직접 관찰하기 어렵다. 이런 상황에서 교사 몰래 게임을 하는 A, 학원 숙제를 하는 B, 엎드려 자는 C 학생이 있다면 A, B, C 각각의 학생을 수업에 참여시키기 위해 어떤 방안이 필요할지 말하시오.

> 예상 답변

A 학생을 위해서는 행동 수정 이론에 입각해 학생 행동의 변화를 유도하겠습니다. 처음부터 수업이 진행되는 시간에 게임을 그만두게 하는 것이 아니라 그 시간을 점차 줄여가도록 목표를 설정하고 학생의 수업 참여가 좋아지면 충분한 보상을 제공해 줌으로써 나중에는 학생이 수업 시간에 온전히 참여하게 할 것입니다.

B 학생을 위해서는 단계별 과제 제시로 수업을 운영하겠습니다. 과제가 완료되는 최소기준을 잡아서 B 학생이 수업에 참여하고 과제를 제출하는 것이 어렵지 않다는 것을 체감하게 된다면 학교 공부를 완수한 다음 학원 숙제를 할 것입니다.

C 학생을 위해서는 학생, 학부모 상담을 진행하겠습니다. C 학생이 수업에서 잔다는 것은 평소 생활 습관이나 학습 태도의 문제일 것입니다. 그렇기에 학부모와의 상담을 통해 학생의 수업 태도에 대해 말씀드리고 학생의 평소 생활 개선을 부탁드리는 한편, 학생에게는 올바른 학습 태도를 갖는 것의 중요성을 알려주겠습니다.

68

다음 상황에서 교사가 A 학생의 학부모를 설득하기 위해 어떻게 말하는 것이 좋을지 실제 대화 형식으로 말하시오.

OO학교는 1학기에는 녹화된 영상으로 수업했지만 2학기부터 일부 교사들이 학생들과의 소통을 강화하기 위해 쌍방향 수업을 시작하려고 한다. 그런데 정작 학부모들 중에는 실시간 수업을 원하지 않으며 1학기와 마찬가지로 녹화 영상 위주의 수업을 요구하는 이들이 있다. 이는 쌍방향 수업 시간이 학원 시간과 겹치기 때문이다. A 학생의 학부모 역시 시간에 구애받지 않을 수 있는 녹화 수업으로 진행해줄 것을 원한다.

예상 답변

학부모님, 안녕하세요. 별일 없이 잘 지내시죠? A가 원격수업에서 열심히 듣고 수업에 적극적이라며 교과 선생님들께서 많이 칭찬하고 계십니다. 그런데 요즘 쌍방향 수업이 진행될 거라는 소식 때문에 학부모님께서 고민이 많으시다고 들었습니다. 그래서 학교 수업의 중요성과 실시간 수업의 필요성에 대해 말씀드리고자 합니다.

첫째, 학원 공부는 학교에서 이뤄지는 공부를 도와주는 것을 목적으로 합니다. 즉, 학교 공부가 주를 이루고 이를 보조하는 것이 학원 공부입니다. 학원 수업을 듣기 위해 학교에서의 활동을 뒤로 미루는 것은 목적이 전도되는 것이라고 생각합니다.

둘째, 학생의 생활 패턴과 관련해서도 실시간 수업 후 학원 공부를 하는 것이 더 적합하다고 생각합니다. 학생이 올바른 생활 습관을 가지는 것은 매우 중요합니다. 만약 학생이 오전에 학원 수업을 하고 오후에 밀린 학교 수업을 듣는 것에 적응한다면 학교가 정상화된 후에는 뒤바뀐 생활 패턴으로 인해 학교생활에 적응하기 힘들어질 것입니다.

셋째, 학생의 사회적 역량 개발을 고려할 때 실시간 수업의 진행이 필요합니다. 비대면 수업에서 교사들이 가장 걱정하는 것은 학생의 의사소통 능력과 사회적 역량입니다. 미래 시대에 맞는 인재는 뛰어난 사람이 아니라 협력할 수 있는 사람입니다. 그렇기에 실력만 갖춘 학생이 아닌, 실력과 협력을 갖춘 인재가 필요하며 이를 위해 실시간 상황에서 교사와 학생들이 함께 호흡하며 소통하는 것은 필수적이라 생각합니다.

넷째, 학생이라는 신분을 고려해 주셨으면 합니다. 학생은 학교에 속한 일원이고, 학교에서 학생들과 교사는 일과표에 따라 학습상황을 정해놓고 있습니다. 그렇기에 학생이 교사의 수업을 들어야 하는 시간에 학원을 가는 것은 학교의 정해진 규칙에 어긋나는 행동이라고 말씀드리고 싶습니다.

학생을 걱정하고 학생을 위하는 학부모님의 마음을 충분히 이해하고 있습니다. 아직 진행해보지 않았기에 실시간 수업에 대한 효용성을 모르고 있고, 학원 시간 때문에 실시간 수업의 진행이 부정적으로 보일 수 있지만 장기적으로 볼 때 분명 학생에게 큰 도움이 될 거라 생각합니다. 긴 이야기 들어주셔서 감사하고 학부모님의 긍정적인 연락 기다리고 있겠습니다.

69

온라인 수업 기간 중 오전에 학원을 가느라 수업에 참여하지 않는 학생들이 있다. 해당 학생의 학부모에게 전화한다고 가정하고 학생이 학교 수업에 집중해야 하는 이유 3가지를 담아 실제 대화처럼 말하시오.

예상 답변

안녕하세요, ○○ 어머님. ○○이가 오전에 학원에 가야 해서 온라인 수업을 듣기 어렵다고 들었습니다. 학원 수업도 중요하고 나름 배우는 것도 많을 것이라 생각합니다. 또 이렇게 학교 수업 외에도 학원 수업을 병행하며 학업에 대한 열정을 보여주는 ○○이가 대견하기도 합니다.

그러나 온라인 수업이라고 해서 등교수업보다 덜 중요한 것이 아니며 등교수업만큼 중요합니다. 실제로 지난 기말고사에서도 많은 선생님들이 온라인 수업에서 시험 문제를 출제하셨고, 아이들도 뒤늦게 온라인 수업을 좀 더 잘 들을 걸 그랬다고 하소연도 많이 했습니다. 제 생각엔 ○○이가 온라인 수업을 먼저 집중해서 듣고 부족한 부분을 학원에 가서 학습하면 어떨까 싶습니다. 학원 수업을 학교 수업 이후에 들을 수 있게 조정해주시면 감사하겠습니다. 건강 유의하시고 필요한 일 있으시면 언제든 연락 주세요.

70

온라인 수업을 준비하는 방법을 배우고 학생들과 소통하기 위해 노력해온 강 교사는 자신의 수업에 대한 설문을 통해 학생들의 의견을 수렴하였다. 긍정적인 반응이 대부분이었으나 한 학생이 '입시 공부를 위해서는 유명 인터넷 강사의 강의를 보는 것이 더 효율적이므로 인터넷 강의를 올려달라'고 응답했다. 이 학생의 요구에 어떻게 대처할 것인지 구체적인 방법을 들어 설명하시오.

(예상 답변)

첫째, 입시에서는 수능도 중요하지만 수시전형의 확대로 내신성적을 유지하는 것도 중요함을 학생에게 설명합니다. 내신 시험은 교과선생님이 출제하는 만큼 교과서 내용의 정확한 숙지와 선생님의 강의가 중요함을 안내하겠습니다.

둘째, 학생과 학습 상담을 통해서 학생이 원하는 학습의 유형과 방법을 파악하는 노력을 하겠습니다. 또한 강사명과 강의 사이트를 묻고 어떤 점이 좋은지 물은 후 선생님이 학생의 의견을 참고해서 더 좋은 강의를 제공하겠다고 약속하겠습니다.

셋째, 모든 학생의 수준에 맞는 강의를 제공하기 어려운 상황임을 안내하겠습니다. 선생님은 우리 학교 학생들을 위한 수업을 만들어 제공하는 것이므로 인강 사이트 강사와는 수업 내용과 수준 및 전달 방법이 다를 수밖에 없다는 것을 설명하겠습니다.

넷째, 동료 교사에게 조언을 구하겠습니다. 수업 준비는 교사 혼자만 하는 것이 아니라 동료 교사와 협의를 통해 이루어지는 만큼 동료 교사에게 이러한 문제에 대해서 어떻게 해결해 나아가는 것이 현명한지에 대해서 조언을 구하고 함께 문제를 해결해나가도록 노력하겠습니다.

71

온라인 수업 상황에서는 학부모, 학원 강사 등 학생 이외의 사람들에게 교사의 수업이 여과 없이 공개되는데, 이런 상황에서 제기될 수 있는 문제와 이를 대처하기 위한 방법을 2가지씩 제시하시오.

예상 답변

첫째 제기될 수 있는 문제는 수업 영상 속 내용 중 선행학습이 다뤄지는 부분에 대한 문제입니다. 온라인 수업을 맞이하여 교사의 수업은 여과 없이 학부모님과 학원 강사들에게 공개됩니다. 이런 상황에서 만약 선행 개념에 관한 내용이 수업에 있을 시 문제가 제기될 수 있습니다. 이런 문제에 대처하려면 수업을 게시하기 전에 교사들이 미리 영상을 시청하여 선행학습 관련 사항이 있는지 확인하고 영상을 다시 편집하는 예방조치를 합니다.

둘째 문제는 교사들 간 수업 진행의 차이입니다. 어떤 교사는 실시간 수업 또는 직접 제작한 영상으로 수업하는데 다른 교사는 기존 인터넷 강의 영상을 그대로 사용하면서 수업을 하는 경우 수업을 듣는 학생들과 학부모님들 사이에서 불만이 나오고 민원이 제기될 수 있습니다. 이에 대한 해결책으로는 교사들끼리 협의를 통해서 공통적인 방향으로 수업을 구성하도록 하는 것이 있습니다.

셋째 문제는 교사의 초상권입니다. 수업하는 선생님들의 얼굴을 캡처하여 학생들 사이에서 웃기는 사진으로 공유해서 문제가 되었던 기사를 본 적이 있습니다. 이처럼 온라인 수업 상황에서 교사들이 직접 제작한 영상이나 실시간 수업은 언제든지 교사의 초상권을 위협할 수 있습니다. 이에 대한 해결책으로는 온라인 수업을 진행하기에 앞서 사전 교육 및 초상권 관련 확인서를 받아 놓아 예방하는 것입니다. 문제가 발생하더라도 확인서가 있기 때문에 교사의 초상권이 보장됩니다.

넷째, 교사의 수업 저작권 문제가 발생할 수 있습니다. 교사의 수업 내용이 모두 학원 강사에게 전달되기 때문에 평가에 영향을 미칠 수 있으며 수업 자료나 설명과 같은 교사의 고유한 교과 자료가 외부에 노출될 우려가 있습니다. 이에 대한 해결책으로는 저작권 교육을 통해 타인의 자료를 사용하는 것 역시 절도에 상응하는 행위임을 알려서 예방하는 것이 중요합니다. 또한 확인서를 통해 사후에도 교사의 수업에 대한 권리를 보호할 수 있습니다.

72

A, B, C 학부모의 요구사항을 파악하고 각 요구사항을 해결하기 위한 방안을 말하시오.

A 학부모: 온라인 수업이라 거의 공부를 하지 않고 있다. 공부를 할 수 있게 해달라.
B 학부모: 자녀의 학업 성적이 낮다. 좀 더 잘할 수 있도록 도와달라.
C 학부모: 온라인 수업의 연장으로 자녀가 휴대폰과 컴퓨터 중독이 된 것 같다. 제지해달라.

예상 답변

A 학부모: 학부모님과의 연락을 통해 공부하지 않는다는 것에 대한 구체적이 이야기를 들어보겠습니다. 수업 내용이 적어서 공부를 안 하는 건지 내용이 과해서 공부를 포기한 건지 정확한 진단을 내리고 그에 맞게 수업 진도 계획 및 온라인 교과 수업을 진행한다면 학부모님의 요구사항을 충족시켜드릴 수 있습니다.

B 학부모: 온라인 수업 상황에서도 시교육청에서는 기초학력 부진 학생을 위한 프로그램을 대면과 비대면으로 진행하고 있습니다. 꼭 기초학력이 부족한 학생이 아니더라도 학교나 교육청에서 지원해주는 학습 프로그램에 지원한다면 문제를 해결할 수 있습니다.

C 학부모: 위클래스의 상담이나 스마트폰 중독 관련 진단을 통해 조치를 취하는 프로그램을 설명해 드립니다. 온라인 개학이라고 해도 위클래스에는 상담사 선생님이 항상 계십니다. 그렇기 때문에 상담사 선생님과 매칭을 통해 학생의 상태를 파악하고 문제에 접근한다면 스마트폰 중독 문제를 해결할 수 있습니다.

> **학부모와의 관계**

73

온라인 수업을 잘 안 듣는 학생의 담임인 A 교사는 수강을 독려하기 위해 학생에게 자주 연락했다. 문자로 연락하면 답장을 하지 않아 주로 전화를 걸었는데, 이마저 학생이 피하고 있으며 학생의 학부모에게도 연락이 닿지 않는 횟수가 늘고 있다. 학생과 학부모가 담임교사의 연락을 잘 받지 않는 이유가 무엇일지 예상하여 말해보고 이럴 때 담임으로서 어떻게 할 것인지 말하시오.

예상 답변

첫째, 사무적인 목적으로만 문자를 하였기 때문입니다. 학생과 교사의 관계는 수업에 출석하고, 이를 체크하는 단순한 관계가 아니라 전인적인 성장을 도모하는 관계가 되어야 합니다. 하지만 교사와 학생 사이의 대면적인 소통이 없는 온라인 수업 상황에서는 이러한 관계 형성이 충분히 이뤄질 기회가 부족합니다. 그렇기 때문에 학생의 입장에서 바라보는 교사는 마치 업무를 체크하는 직장 상사와 비슷할 것이라 생각합니다. 아직 두터운 관계가 형성되기 전이므로 출석을 독려하는 문자나 연락 전에 간단한 일상을 묻는 질문을 하는 등 관계 형성을 위한 노력을 먼저 기울이겠습니다. '요즘 어떻게 지내?' 또는 '온라인 수업하면서 힘들지?' 등과 같은 소소한 질문들이나 학생의 일상에 대한 궁금증으로 대화를 이끌어 나간다면 출석 독려 문자가 좀 더 친근한 교사와 학생 간 대화의 장이 될 것이라 생각합니다.

둘째, 다양한 소통 시도를 하지 않았기 때문입니다. 교사는 문자나 전화로만 상담을 시도했고 이 방법들은 제 역할을 하지 않았음에도 불구하고 다른 방법을 시도하지 않았기 때문에 관계의 두절로까지 이어졌다고 생각합니다. 이를 해결하기 위해 학생을 학교로 직접 불러 이야기를 나눠보겠습니다. 비대면 상황에서 연락을 받지 않는다면 더 이상 문자나 연락은 소통의 역할을 해내지 못할 것입니다. 그렇기에 학생을 학교로 불러 수업을 듣는 데 있어 힘든 점이나 과제가 특히 어려운 과목이 있는지 등을 물어보고 직접 이야기를 듣는 대면적인 대화를 한다면 학생도 닫았던 마음을 열 것이고, 전화나 문자를 통한 소통이 다시금 가능해질 것이라 생각합니다.

셋째, 학부모님과의 라포르가 형성되지 않은 상태에서 교사의 필요에 의해서만 연락을 취했기 때문입니다. 학부모는 교사로부터 학교에서 자녀의 생활이나 태도에 대해 듣기를 원합니다. 하지만 교사는 그런 정보제공 없이 일방적으로 교사의 필요에 의한 전화를 하였기에 대화가 단절되고 불편하게 되었다고 생각합니다. 이를 위한 해결책으로는 학부모님과의 진솔한 상담을 진행해야 한다고 생각합니다. 현재 우리 반 학생들의 출결 상태, 과제 제출 상태 등 정확한 자료를 기반으로 학생의 현재 학교생활에 관해 대화를 나눈다면 교사와 학부모 간 라포르가 형성되고 협력적인 관계가 되어 학생의 출석 독려에도 긍정적인 영향을 미칠 것이라고 생각합니다.

74

담임교사로서 온라인 수업에 잘 참여하지 않는 학생의 수강 독려를 위해 학부모에게 전화하려고 한다. 로저스의 상담이론의 기본 3가지에 근거하여 학부모에게 학생의 수업 참여를 독려하시오. (전화한다고 가정하고 대답할 것)

예상 답변

○○ 어머님, 안녕하세요. 다름이 아니라 ○○이가 요즘 수업에 잘 참여하지 않아 혹시 어떤 어려움이 있는지 걱정도 되고 어머님과 함께 의견을 나누고 싶어서 연락드렸습니다. ○○이가 등교수업에서는 적극적으로 참여하는데 원격수업에서만 수강이 잘 이루어지고 있지 않아서 어떻게 하면 담임교사로서 도움이 될까 방법을 생각하고 있습니다. 학교생활에서는 출결이 중요하고 요즘 원격수업의 출결 체크가 엄격하게 진행되고 있는 만큼 나중에 진학 시 불이익을 당하지 않을까 우려됩니다.

○○이가 등교수업에 비해 원격수업에 적응이 잘 안 되고 집중하는 것이 어렵다는 것을 지난번 상담을 통해 알고 있습니다. 중학생이 반나절 이상 컴퓨터 앞에 앉아서 수업 듣는 것이 얼마나 고역인지도 잘 알고 있습니다. 원격수업으로 인한 어려움이 있지만 새로운 교육 변화에 잘 적응하고 어려움을 극복해 나가는 과정도 ○○이의 성장에 큰 도움이 될 것이라고 생각합니다.

출결만큼이나 평가도 중요한데요. 수업에서 배운 것들이 시험에도 출제되는 만큼 수업에 참여해야 학습 내용도 충실하게 배울 수 있고 시험에 유용한 정보도 얻을 수 있습니다. 수업 하나를 잘 듣는 것만으로도 출결과 평가 측면에서 많은 도움이 될 것이라고 생각합니다. 저도 ○○이가 수업에 잘 참여할 수 있도록 계속 노력할 테니 어머니께서도 가정에서 ○○이의 학습이 잘 이루어지는지 확인 부탁드립니다. 지금 바로 변화가 보이지 않더라도 함께 노력해 나간다면 긍정적 변화가 있을 거라 기대합니다.

75

온라인 수업이 장기화되면서 학생들과 대면하기 힘든 시기에 학부모와의 라포르 형성이 중요한 이유 및 어떻게 좋은 관계를 형성할 것인지 방안을 말하시오.

(예상 답변)

비대면 상황에서 교사와 학부모의 라포르 형성이 중요한 이유를 말씀드리겠습니다.

첫째, 비대면 상황에서 학부모님의 교사에 대한 신뢰가 더욱 강조되고 있기 때문입니다. 기존의 학교에서 부모님들은 자녀와의 대화를 통해 담임교사에 대한 이야기를 듣고 선생님을 신뢰할 수 있었습니다. 하지만 등교를 하지 않는 상황에서 학부모님들은 선생님에 대한 정보를 들을 수 없기 때문에 기존에 학부모님들이 담임 교사에게 가졌던 믿음을 줄 수 없게 되었습니다. 이런 상황에서 학생의 출석을 독려하는 문자는 제 기능을 못할뿐더러 혹여 학생에게 문제가 터진다면 교사와 학부모님은 협력 관계가 될 수 없을 것입니다. 따라서 교류가 없는 온라인 시대일수록 교사에 대한 학부모님의 신뢰가 더욱 필요하다고 생각합니다.

둘째, 학생들의 교과 수업 진행을 위해서도 교사와 학부모님과의 라포르 형성이 중요합니다. 원격수업은 새로운 수업의 관계를 만들었습니다. 학부모님이 교사에게서 학생의 수업 태도를 묻는 기존의 소통이 아닌, 교사가 학부모님에게 학생의 원격수업 태도를 묻는 관계가 된 것입니다. 학생들을 물리적으로 통제할 수 있는 권한을 교사가 아닌 학부모님들이 갖고 있는 상황에서 학생들의 수업 참여를 독려하려면 학부모님과 수시로 연락을 취해야 하므로 교사와 학부모의 라포르가 중요합니다.

이러한 좋은 관계를 형성할 수 있는 방안에 대해서 말씀드리겠습니다.

첫째, 학부모와의 직접적인 소통의 장을 만들어 학생 및 학급 소식을 전합니다. "소통은 관계의 첫걸음"이라는 말이 있습니다. 예를 들어 언제나 소통할 수 있는 단체 채팅방(아버님방, 어머님방)이나 게시판(밴드)을 만들어 대화하고 소통하는 것입니다. 학생들의 소소한 일상, 행사나 활동 사진, 학급 소식 등을 종례처럼 매일 지속적으로 조금씩 올린다면 학교에 대한 믿음과 신뢰가 증가할 것입니다.

둘째, 자녀의 학교생활에서 긍정적인 모습을 칭찬 메시지를 통해 전달해 드리는 것입니다. 예를 들어 생활지도 면에서 학생의 태도를 칭찬하고 마지막에는 '항상 가정에서 지도해주신 덕분입니다.'라고 보낸다면 학생과 학부모 모두를 칭찬하는 일석이조의 효과와 가정의 화목으로도 이어질 수 있어 학부모님은 교사에 대해 긍정적인 이미지를 가지게 될 것입니다.

76

온라인 수업 기간 중 휴대전화가 없는 학생의 경우 학부모님을 거쳐 전달해야 할 사항이 많다. 학부모님들의 불편함을 최소화하면서 휴대전화를 소지하지 않는 학생들을 챙길 수 있는 방법을 제시하세요.

> 예상 답변

온라인 수업 기간 중 휴대전화가 없는 학생들의 경우 학부모님을 통해 소통하는 경우가 많다 보니 학부모님들의 피로도가 상당히 높아지고 있습니다. 학부모님들의 불편함을 최소화하면서 휴대전화를 소지하지 않는 학생들을 챙기는 방법은 다음과 같습니다. 첫째, PC로 이용 가능한 학급 SNS(밴드) 등을 활용하고, 공지는 모두 학급 단체방에 하는 것입니다. 이렇게 하면 개별적으로 안내해야 하는 수고로움을 덜 수 있고, 휴대전화가 없어도 PC로 확인이 가능하기 때문입니다. 특히 조·종례 시간 때 대부분의 공지 사항을 전달할 것이라 미리 안내하고 조·종례 때 학급 단체방에 공지사항을 전달하면 학생들 입장에서도 수시로 확인해야 하는 어려움이 없고, 공지를 놓치지도 않을 것입니다. 이렇게 했음에도 부득이하게 연락해야 할 경우에만 학부모님께 개인 문자를 남겨 놓는다면, 학부모님의 고충도 덜어드리면서 휴대전화 없는 학생들과 소통할 수 있을 것입니다.

둘째, 휴대전화를 소지하지 않는 학생의 학부모님에게 공지사항을 전달하거나 학생 개인 이메일로 매일 같은 시간대에 공지사항을 전달하는 것입니다. 궁금한 점이 있을 때는 학생이 교사에게 바로 연락할 수 있도록 한다면 휴대전화 없는 학생과 학부모님의 불편함을 최소화할 수 있을 거라고 생각합니다.

4. 생활지도

방역 관련 안전 교육

77

코로나 19로 인하여 학교에서의 개인 위생 및 건강, 안전에 대한 인식과 중요성이 커졌다. 이에 따라 학생들에게 할 수 있는 생활지도를 3가지 이상 말하시오.

예상 답변

코로나 19로 인해서 학생들의 안전을 위해 교사가 신경 써야 하는 부분들이 많아졌습니다. 무엇보다 학생의 건강과 안전이 우선인 만큼 첫째, 건강상태 자가진단 검사를 매일 아침 할 수 있도록 지도하겠습니다.
둘째, 학교 안에서도 사회적 거리두기를 실천하여 친구들과 거리를 두고 지내고 활동할 수 있도록 지도하겠습니다.
셋째, 손 세정 및 손 씻기 습관의 중요성을 지도하겠습니다.
넷째, 반드시 마스크를 쓰도록 지도하겠습니다.

[참고]

◆ **위생수칙 교육·홍보**
  - (예방수칙 등 교육) 학생, 강사, 운영자 대상 코로나바이러스감염증-19 질병 정보 및 감염 예방수칙, 행동요령 교육
  - (예방수칙 등 부착) 손 씻기, 기침 예절 등 코로나바이러스감염증-19 예방수칙 등
  - (마스크 착용 의무화) 모든 학생 및 강사, 운영자 등은 마스크 착용 의무화

◆ **감염 예방을 위한 위생 관리**
  - (충분한 환기) 수업 전 창문을 열어 환기, 수업 중에도 수시로 창문을 개방하여 자연환기 양을 증가시키는 등 충분한 환기 실시

※ 실외 미세먼지 농도 '매우 나쁨' 등 외부환경을 고려하여 환기 횟수 조정
- (방역물품 등 비치) 학교 강의 장소 내 화장실에 손세정제(액체비누), 손소독제, 휴지 등을 충분히 비치하고, 교실에도 손소독제 비치
- (체온계, 손소독제 비치) 학교 내 비접촉식 체온계, 손소독제 등을 비치할 것
- (마스크 착용 필수) 마스크 착용을 하지 않은 학생은 수업 참여 불가
- (거리 유지 수업 실시) 수업 시 충분한 거리를 유지하여 수업 실시

78

A 학생은 선생님들 앞에서는 마스크를 잘 착용하지만 쉬는 시간, 점심시간 등 교사의 눈길로부터 벗어나 있을 때는 마스크를 벗고 이야기를 나누고 학교생활을 한다는 신고가 들어왔다. A 학생으로 인해 주변 친구들도 마스크를 벗기 시작하여 교실 내 감염이 우려되는 상황인데, 이때 A 학생의 담임으로서 A 학생을 지도할 방법 및 다른 학생들에게 어떻게 이야기할 것인지 말하시오.

예상 답변

첫째, 학생을 설득하기 위한 라포르 형성 및 칭찬을 통해 학생의 반발적 행동을 예방합니다. 해당 학생이 선생님들 앞에서는 마스크를 잘 쓰기 때문에 선생님들이 학생을 좋게 생각하고 있음을 칭찬하고, 이렇게 선생님들이 없는 곳에서 마스크를 벗고 다니면 선생님들이 크게 실망할 것이라고 이야기해줍니다. 이렇듯 칭찬과 걱정을 담은 대화로 학생이 자신의 행동을 반성하게 하고 대화가 부드러운 분위기에서 이뤄지도록 합니다.

둘째, 코로나의 위험성을 다시 한번 각인시켜 줍니다. 학생의 행동을 변화시키는 데는 교사의 감정적인 이야기나 설득도 중요하지만, 객관적이고 정확한 근거에 의한 설득이 더 효과적입니다. 학생이 코로나에 걸리면 가족도 코로나의 위협을 받게 된다는 것을 정확한 사실에 근거해 이야기한다면 학생들 역시 충분히 납득할 것이라고 생각합니다.

셋째, 마스크의 중요성을 설명합니다. 코로나의 위험성에 대해서 학생이 알았다면 마스크를 쓰는 것의 중요성을 설명해주는 것이 필요합니다. 마스크는 자신을 코로나로부터 막는 동시에 타인에게 전염되는 것을 막을 수 있음을 알게 해준다면 학생들 또한 마스크의 중요성을 알고 제대로 착용할 것입니다.

> **학생 간 관계**

79

다음과 같은 상황에서 교사가 학생들의 원만한 관계 형성을 위해 취할 수 있는 해결 방안을 말하시오

[상황]
새 학기에 1학년 담임을 맡게 되었다. 온라인 개학을 한 후 알게 된 사실은 학급 학생의 절반 이상이 같은 초등학교를 나왔다는 것이다. 엎친 데 덮친 격으로 원격수업 상황이라 새롭게 친구를 만들어야 하는 나머지 절반 학생들이 교우관계 형성에 어려움을 겪고 있다.

> **예상 답변**

첫째, 온라인 학급 이벤트를 진행하겠습니다. 학생들 각자 새로운 친구에게 보내는 편지를 작성하게 하고 편지를 담임이 모아 서로에게 편지를 전해주는 이벤트, 온라인 마니또 등 오프라인뿐만 아니라 온라인에서도 할 수 있는 이벤트를 진행하여 학생들 간의 라포르를 형성하는 데 도움이 되도록 노력하겠습니다.

둘째, 동료선생님의 자문을 구해보겠습니다. 저와 같은 상황의 학급을 운영해보신 선배 선생님들 또는 동료 선생님들과 같이 이야기를 나누면서 학급을 긍정적인 방향으로 이끌도록 시도해 보겠습니다.

셋째, 온라인 상담을 진행하겠습니다. 학생들 간의 관계를 형성하는 데 교사가 도움이 되려면 교사 역시 학생들과 라포르가 형성된 상태여야 합니다. 온라인 상담을 통해 학생들과 라포르를 만들고 학생들의 관계 형성의 중심에 있을 수 있도록 노력하겠습

니다.

넷째, 오프라인 등교 기간에 할 수 있는 활동들을 준비하겠습니다. 원격수업 상황이라고 하더라도 친구 이름 외우는 게임을 실시하거나 학생들이 대화하고 소통해야 해결할 수 있는 프로그램을 실시하여 등교 기간에 학생들이 얼굴을 보면서 친해질 수 있는 분위기를 조성하겠습니다.

80

온라인 수업 시 지식 전달 외에 사회성을 발달시킬 수 있는 교육 방법을 3가지 이상 말하시오.

예상 답변

온라인 수업 시간은 학생들과의 소통이 어려워 자칫하면 일방적인 교사의 강의로만 진행될 수 있으나, 온라인 수업에서도 교사가 어떻게 수업을 기획하고 구성하느냐에 따라 크게 달라질 것이라고 생각합니다.

학생들의 사회성을 키우기 위해서 첫째, 온라인 수업 시 모둠 활동을 진행하겠습니다. 화상회의 프로그램에서 소회의 활동 기능을 활용하여 모둠별로 서로의 생각을 나눌 수 있는 시간을 제공하겠습니다. 이런 시간을 통해 학생은 친구들의 의견을 들으면서 이해를 넓혀가고 사회성을 키우는 기회를 가질 수 있습니다.

둘째, 온라인 동료 피드백 진행 시 바른 말, 좋은 말, 친절한 말 사용하기 교육을 실시하겠습니다. 말을 어떻게 하느냐가 관계에서 중요한 역할을 차지하는 만큼 학생들이 온라인 수업 시간에 동료 평가를 진행할 때 부정적인 말이 아닌 긍정적인 말을 사용할 기회를 제공하겠습니다.

셋째, 관계를 형성하는 방법을 지도하겠습니다. 친구에게 편지 쓰기, 어버이날을 맞이하여 부모님께 효도 쿠폰 드리기, 스승의 날에 선생님께 감사 문자 보내기 등과 같은 활동을 통해서 좋은 추억을 쌓는 것뿐만 아니라 사회성을 키우는 방법을 익힐 수 있을 것이라고 기대합니다.

81

온라인 상황에서 교사와 학생 간, 그리고 학생들 간 라포르를 형성하는 방법을 각각 2가지씩 말하시오.

예상 답변

<u>교사와 학생 간 라포르를 형성할 수 있는 방법</u>
첫째, 전화 및 화상 상담이나 등교 주간에 학생들과 대면 상담을 진행하는 것입니다. 비대면 상황이라고 해도 학생들과 전화나 화상회의 프로그램 등을 활용하여 상담하는 것은 학생들과 라포르를 형성하는 데 긍정적인 효과가 있기 때문입니다.
둘째, 학생들에게 연락할 시 부정적인 감정으로 대응하지 않도록 조심하며 소통하는 것입니다. 온라인 상황에서는 학생들에게 출석이나 과제 제출이 안 됐다고 연락하는 경우가 많은데 이런 지적 위주의 대화에서는 자칫 교사의 표현도 부정적으로 흐를 위험이 커집니다. 친해지지 않은 상황에서 얼굴 붉히며 훈계하는 것은 위험하다고 생각합니다.

<u>학생 간 라포르를 형성할 수 있는 방법</u>
첫째, 등교주간에 할 수 있는 간단한 게임을 실시합니다. 등교하는 기간에 학생들의 이름을 외우는 게임이나 주어진 시간 안에 생일 순으로 서게 하는 등의 간단한 활동을 통하여 학생들 간에 친밀감을 형성할 수 있습니다.
둘째, 실시간 회의에서 소회의실과 같은 모둠 학습을 실시합니다. 실시간 수업에서 학생들에게 모둠별 과제를 제시하고 소회의실에서 학생들끼리 대화하는 시간을 갖게 한다면 비대면일지라도 학생들 사이에 관계가 형성될 것입니다.

 tip.

온라인 수업으로 반 학생들과 라포르 형성이 어려울 때,
담임교사로서 개선할 수 있는 방법은 다음과 같습니다.
첫째, 온라인 및 전화 상담을 합니다. 라포르 형성에서 중요한 것은
개별 소통입니다. 온라인으로 기초 정보를 수집하고 전화 상담을
통해 학생 개인에 대해 알아가고 대화하면서 학생들과 정서적
유대감을 형성할 수 있습니다.
둘째, 문자 메시지 등 개별적인 소통을 강화합니다. 학급 경영을
하다 보면 이런저런 일로 연락할 일이 많아집니다. 이럴 때 학급
단체방을 통해 일괄적으로 전달하면 효율적이긴 할 수 있으나
라포르 형성은 어렵습니다. 때론 개별적으로 학습과 관련해
피드백을 해준다든지 칭찬이나 격려를 해준다면 학생들과의 관계가
보다 가까워질 것입니다.
마지막으로 온라인 단체방에서 아이스 브레이킹을 할 수 있는 퀴즈
등을 진행하는 것입니다. 학급 전체가 있는 단체방에서 딱딱하고
무미건조한 공지사항만 전달하는 것이 아니라 때론 소소한 퀴즈를
제시하고 좋은 글귀나 감성을 자극하는 사진들을 공유하여 학생들과
정서적 친밀감을 만들 수 있습니다.

비대면 생활지도

82

비대면 상황에서 할 수 있는 학생 생활지도의 내용 및 방법을 3가지 말하시오.

예상 답변

첫째, 실시간 조회 시간에 영상을 통한 인성교육을 실시하겠습니다. 온라인상에는 인성과 도덕성에 관한 영상이 다양하게 준비되어 있습니다. 따라서 온라인 조회 시간에 이런 영상을 보고 이야기를 나눠본다면 생활지도 차원에서 도움이 될 것입니다.

둘째, 학부모님 단톡방이나 밴드를 통하여 학부모님들과 협력하며 학생들의 생활지도를 하겠습니다. 학생들이 어떻게 생활하는지도 알 수 없는 상황이므로 교사는 학부모님과 연락 가능한 소통창구를 항상 열어 놓고 수시로 학생들에 대한 이야기를 들어야 합니다. 만약 문제가 생길 여지가 있거나 문제가 발생할 때는 바로 학부모님에게 연락을 취해 학생이 학교에 오도록 하여 상담을 진행합니다.

셋째, 뉴스 기사나 실제 사례 자료를 통해 학생의 태도 변화를 유도합니다. 학생들의 얼굴을 보고 상황을 공감해주고 변화를 이끌었던 상황과 달리 서로 공감이나 관계 형성의 어려움이 있는 비대면 상황에서는 그에 맞는 새로운 접근이 필요합니다. 온라인 상황에서 벌어진 실제 사례나 뉴스 기사를 통해 학생이 겪을 수 있는 상황이나 초래할 수 있는 결과를 정확하게 알려주면서 학생 스스로 행동에 대해 생각해보게 합니다.

넷째, 학생들 사이의 라포르를 형성할 수 있는 이벤트를 진행합니다. 학교 폭력 관련 문제에서 가장 중요한 것은 예방입니다. 학생들 사이에 친밀감이 형성되면 결속력이 생기고 학생들에게 학교와 학급은 안전한 공간이 될 것입니다. 이를 위해 학생들 간 온라인 마니또, 온라인 편지 쓰기 등의 활동을 진행할 수 있습니다.

`인성 교육`

83

온라인 수업 상황이 이어지면서 SNS상의 폭력 사건도 늘고 있다. 비대면 상황에서 학생들의 SNS 예절 교육 방법을 3가지 말하시오.

예상 답변

첫째, SNS상의 기본적인 예절과 관련된 내용을 학습할 수 있도록 하겠습니다. 온라인으로 수업을 듣는 것이 처음이다 보니 학생들이 SNS 예절을 잘 모를 수 있습니다. 따라서 온라인 조·종례 시간, 자율이나 창체 시간에 꼭 알아야 하는 SNS의 기본예절에 대한 자료와 정보를 온라인 플랫폼에 탑재하여 학습할 기회를 제공하겠습니다.

둘째, SNS에서 예절을 지키지 않았을 때 어떤 문제들이 발생하는지 사전에 보여주겠습니다. SNS와 관련하여 공인, 연예인들의 다양한 사례를 제공하여 SNS에서 예절을 지키는 것이 얼마나 중요한지, 지키지 않았을 때 어떤 문제가 발생하는지 스스로 생각해보고 SNS 사용에 경각심을 가지도록 하겠습니다.

셋째, SNS 사용 성찰일지를 쓰고 학급 친구들과 공유하게 하겠습니다. SNS 사용 체크리스트나 성찰일지를 학급 단체방이나 온라인 수업 플랫폼에 업로드하고 수업이 끝난 후 게시판에 공유하도록 하여 자신을 점검하고 SNS 예절을 더욱 적극적으로 실천하는 기회를 마련해주겠습니다.

84

온라인 수업을 하는 기간에 학생들과 문자나 전화 연락을 자주 주고받다 보니 교사의 연락에 답장하지 않거나 밤늦게 불쑥 연락하는 등 예의 없는 학생들이 늘어난 상황이다. 담임교사로서의 지도 방안 3가지를 말하시오.

예상 답변

온라인 수업 기간 때는 얼굴을 보지 않고 문자나 전화를 하다 보니, 예의 없는 학생들이 늘어날 수 있습니다. 이럴 경우 담임 교사로서 지도할 수 있는 방안은 다음과 같습니다.

첫째, 학급 단체방에 문자 및 전화 예절과 관련된 영상이나 내용을 안내하는 것입니다. 대다수의 학생들이 예의 없이 연락한다면 반 전체를 대상으로 주의를 주는 것이 효과적입니다. 또 아직 아이들이기 때문에 문제를 인지하지 못하는 경우도 있으므로 문자 및 전화 예절과 관련된 영상을 보여주거나 안내문을 만들어 교육합니다.

둘째, 예의 없는 학생들에게 전화나 메시지로 개별 지도하는 것입니다. 소수의 학생들만 예의 없이 연락하거나 반 전체를 대상으로 교육했음에도 여전히 무례한 학생들이 존재한다면 개인적으로 전화나 문자를 통해 잘못을 짚어줄 수 있습니다.

마지막으로는 교사로서 모범을 보이는 것입니다. 학생들과 연락할 때, 문자나 전화 예절을 잘 지키는 모습을 보여주고 예의 없게 행동한 상황에서 올바른 행동의 예시를 알려주면서 '○○이도 이럴 땐 이렇게 하는 거예요.'와 같은 한마디를 붙여준다면 학생들도 자연스럽게 예절을 배울 수 있을 것입니다.

> 학교 폭력

85

실시간 쌍방향 수업 시 발생하는 학교 폭력 문제가 많다. 성희롱, 욕설, 초상권 침해, 음란물 유포 등에 대해 교사로서 대처할 수 있는 방안을 예방적 측면 2가지, 결과적 대응 측면 2가지로 말하시오.

예상 답변

실시간 쌍방향 원격수업 시 교사가 생각하지 못하는 다양한 문제들이 발생할 것이라고 예상됩니다. 우선 예방적 측면에서 학생들에게 수업 전에 다양한 문제 상황에 대한 교육을 철저하게 실시하겠습니다. 또한 동영상 자료를 활용하여 문제 행동의 심각성을 인식시키겠습니다.

이러한 예방을 했음에도 불구하고 문제가 발생했다면 우선 교칙에 따른 처벌 관련 안내를 하고 재발 방지를 위한 교육을 실시하겠습니다. 또한 학교 내에서 상담을 통해 학생의 문제 행동을 유발의 원인을 밝히고 상담을 통해 개선할 수 있도록 안내하겠습니다.

86

실시간 온라인 수업을 진행하던 중 학생 간에 서로 욕설 댓글을 주고받는 사이버 폭력이 발생했다. 해당 교과교사로서 어떻게 조치할 것인지 말하시오.

> 예상 답변

첫째, 화면 캡처 기능을 이용해 댓글을 증거자료로 확보합니다. 학교 폭력 상황에서는 물증을 확보하는 것이 중요하므로 화면을 캡처합니다.

둘째, 곧바로 수업을 닫아야 합니다. 증거를 수집하였다면 그다음은 상황을 정리하는 것이 필요합니다. 모든 학생이 보는 앞에서 댓글로 싸우는 것을 교사가 물리적으로 중지할 수 없기 때문에 수업을 닫는 것이 상황을 종료하는 방법입니다.

셋째, 다툼이 있는 학생들을 제외하고 나머지 학생들을 다시 수업에 초대합니다. 몇몇 학생들의 다툼으로 인해 그 반 전체 학생들의 수업권이 침해당해서는 안 되기에 나머지 학생들을 초대하고, 선생님이 잠깐 해당 학생들과 통화해서 감정을 누그러뜨리겠다고 얘기한 뒤 학생들이 스스로 할 수 있는 과제를 제시해줍니다.

넷째, 다툼이 있는 학생들에게 전화해서 감정을 이해해줍니다. 온라인 상황이라 학생들이 어떤 행동을 할지 교사는 볼 수 없기에 전화 통화로 학생의 격양된 감정을 이해해주고 감정이 가라앉고 난 뒤에 수업에 참여해 달라고 말합니다.

다섯째. 해당 문제를 학생부에 알려서 문제에 대한 사안을 검토하겠습니다. 학교 폭력이나 사이버 폭력을 주로 담당하는 부서가 학생부이기에 이 문제에 대한 증거자료를 넘기고 어떻게 다루면 좋을지 학생부장 선생님과 의논해야 한다고 생각합니다.

PART
4

기타

- 동료 교사와의 관계
- 교사로서 자기계발
- 학생 지원

1. 동료 교사와의 관계

87

온라인 수업을 열심히 준비하고 있는데 같은 학년의 동교과 선생님이 찾아오더니 너무 열심히 해서 비교되고 부담된다는 불만을 제기한다. 함께 수업을 준비하는 게 힘들다는 동료 교사에게 어떻게 말하면 좋을지 실제 대화라고 가정하고 말하시오.

> 예상 답변

선생님이 힘들어하시는 점, 충분히 이해하고 제가 만약 선생님의 입장이었어도 그러한 생각이 들었을 것 같습니다. 온라인 수업도 익숙지 않은데 직접 수업 자료를 제작하고, 거기에 얼굴과 음성까지 넣어서 영상을 촬영하는 과정은 선생님께 상당히 큰 부담으로 느껴졌을 것 같습니다. 하지만 온라인 수업을 직접 제작하면 좋은 점이 많다는 걸 말씀드리고 싶습니다.
첫째, 수업에 들어간 선생님의 많은 애정과 애착을 학생들 역시 느낀다는 것입니다. 선생님이 수업에 쏟은 애정과 애착은 영상을 시청하는 학생들에게 고스란히 전달될 것이고, 학생들은 주의 집중하며 흥미를 갖고 수업에 참여할 것입니다.
둘째, 원격수업일지라도 학생들과 교감을 느낄 수 있습니다. 선생님께서 학생들이 직접 제출한 과제를 확인하고, 학생들의 질문에 대해 피드백을 해주시면 이 과정이 곧 학생들과 쌍방향 의사소통을 하는 것이며, 온라인 수업이지만 오프라인 수업처럼 학생들과의 교감을 형성할 수 있을 것입니다.
셋째, 지금은 힘들겠지만 조금씩 적응하고 계시고 발전하고 있다는 것을 아시면 좋겠습니다. 처음에는 많이 힘들어하셨지만 지금은 제작 시간도 줄고 퀄리티는 오히려 좋아지고 있습니다. 이는 선생님이 수업 영상 제작에 잘 적응하면서 계속 성장하고 있다는 것을 보여주는 것이라고 생각합니다.

부족하지만 혹시 도움이 필요하시면 제가 도와드리겠습니다. 지금도 잘하고 계신 선생님께서 앞으로도 학생들에게 좋은 수업과 그에 맞는 선택을 하실 거라 믿습니다.

> 동료 교사의 무리한 부탁

88

저경력 교사인 본인에게 선배 교사가 온라인 수업에 대해서 잘 모르니 온라인 수업 및 과제, 게시글 등을 플랫폼에 업로드해달라고 매일 부탁한다. 아래 상황에 대처할 수 있는 방안을 교사 측면과 학교 측면에서 각각 2가지씩 말하시오.

1일째
선배 교사 어이. 김 선생. 나 이거 수업을 어떻게 올리는지 모르겠는데 좀 도와줘. 편집 좀 도와주고, 그래 이것도 좀 올려주고 저것도 좀 올려줘.
저경력 교사 네. 선생님 무엇을 도와드릴까요? (2시간 소요)

2일째
선배 교사 김 선생 바빠? 이거 게시글을 올려야 하는데 또 모르겠네. 김 선생이 좀 도와줘
저경력교사 네. 알겠습니다. (1시간 소요)

3일째
선배 교사 김 선생. 이거 이거(PPT) 이쁘게 좀 만들어서 인터넷에 올리는 방법이 없을까?
저경력 교사 네. 알겠습니다. (2시간 소요)

4일, 5일, 6일… 반복되는 선배 교사의 부탁에 저경력 교사는 온라인 수업뿐만 아니라 행정적인 업무까지 많아져서 초과근무를 매일 했다고 한다.

> 예상 답변

이와 같은 상황에 대처하는 방법은 교사 측면에서 첫째, 영상 자료 만들기나 링크를 공유하여 시간을 절약하는 것입니다. 선배

교사의 질문에 일대일로 알려드리면 좋겠지만 매 순간 그러기란 쉽지 않을 것입니다. 이럴 때는 영상 녹화를 통해 방법을 촬영하여 전달한다면 일일이 알려드리지 않아도 되고, 동시에 여러 명에게 알려드릴 수도 있습니다. 또한 매뉴얼을 담은 영상이 존재한다면 링크를 보내드리는 것도 하나의 방법이 될 수 있습니다.

둘째, 교원학습공동체를 만드는 것입니다. 온라인에 능숙한 선생님들과 어려움을 겪는 선생님들이 온라인 수업을 위한 교원학습공동체를 꾸려 함께 성장하는 시간을 마련한다면 수시로 도와드려야 하는 어려움을 덜 수 있습니다.

학교 측면에서 할 수 있는 방법은 첫째, 학교 내 온라인 수업 관련 지원 팀을 만드는 것입니다. 온라인 수업 관련 지원 팀을 통해 전문적이고 체계적으로 안내 매뉴얼 등을 정리하여 제공한다면 누구에게 물어보지 않아도 스스로 어려움을 해결할 수 있기 때문입니다.

둘째, 온라인 수업 전문 외부 강사를 초빙하여 온라인 수업 연수를 지속적으로 실시하는 것입니다. 연수를 통해 온라인 수업과 관련한 교사들의 전문성을 향상시킨다면 위와 같은 어려움의 근본적인 원인을 해결할 수 있습니다.

89

동료 교사가 계속해서 온라인 수업 준비를 도와달라고 부탁한다. 부탁에 응하느라 정작 자신의 수업을 만드는 시간이 부족하다면 어떻게 할 것인지 2~3가지 방안을 제시하시오.

(예상 답변)

첫째, 온라인 수업을 준비하는 것이 얼마나 힘들고 고된 일인지 동료 교사로서 공감해주겠습니다. 누구나 온라인 수업을 준비하는 것이 쉽지 않고 처음 가보는 길이라 다 힘든 상황이지만 함께 이겨내보자고 격려하며 온라인 수업 준비에 대한 두려움을 떨쳐내고 마음의 안정감을 가질 수 있도록 돕겠습니다.

둘째, 저의 현재 상황이 어떤지에 대해서 객관적으로 말씀드리고 이해를 구하겠습니다. 수업 준비에 상당한 시간을 할애하고 있으며 다른 업무와 학급 경영으로 시간을 내기가 힘들다는 것을 정중하게 말씀드리고 온라인 수업을 준비하는 데 필요한 기술들을 다루는 동영상이나 책을 참고하도록 권유하거나 간단하게 영상을 제작하는 방법을 안내해드립니다.

셋째, 동료 교사가 준비한 온라인 수업 결과물에 대해서 함께 보고 피드백을 해드리겠다고 제안하겠습니다. 온라인 수업의 모든 과정을 함께할 수는 없지만 수업에 대해 함께 논의하고 결과물에 대한 피드백을 통해 점점 더 나아지는 수업을 준비할 수 있도록 조언을 드리는 역할을 하겠다고 말씀드리겠습니다.

90

교내에서 온라인 수업을 잘하기로 소문난 김 교사가 공강 시간에 수업을 준비하려고 하는데, 선배 교사가 온라인 수업 준비에 관한 기술적인 도움을 요청한다. 선배 교사를 도와줄 경우 수업을 준비할 시간이 부족해서 근무시간에 수업 준비를 마치기 어려울 수도 있는 상황이라면 어떻게 할 것인지 말하시오.

예상 답변

첫째, 만약 모든 걸 대신 해드리면 저의 시간도 낭비되고 선배교사의 기술적 자립도 저해되므로 먼저 선배 교사가 할 수 있는 가장 간단한 것부터 알려드리겠습니다. 학생들에게도 많은 지식을 한번에 알려주면 오히려 헷갈리거나 제대로 이해하지 못하는 일이 발생하는 것처럼 선배 교사도 기초적인 것부터 직접 연습하면서 익히도록 하는 것입니다.

둘째, 참고할 수 있는 사이트나 자료를 알려드리겠습니다. 요즘은 유튜브에도 유용한 영상이 많이 있습니다. 따라서 선배 교사가 궁금해하는 내용을 알려주는 영상을 소개해 드림으로써 더 양질의 정보를 여러 번 반복해서 볼 수 있게 하겠습니다.

셋째, 지금은 수업 준비를 해야 하므로 힘들다는 상황을 솔직하게 말씀드린 뒤에 시간적 여유가 있을 때 도움을 제공하겠습니다. 현재 바쁜 상황을 충분히 설명드리고 시간적 여유가 있을 때 도와드리겠다고 한다면 선배 교사도 이해해주실 것이라고 생각합니다.

수업에 대한 의견 차이

91

열심히 온라인 수업 준비를 하고 있는데, 같은 교과 선생님께서 영상을 새로 만들지 말고 기존 영상을 가져다 쓰자고 한다. 앞에 있는 면접관이 동료 교사라고 생각하고 설득하시오.

예상 답변

선생님. 갑작스럽게 온라인 수업으로 바뀌어서 여러모로 어려움이 많으시죠. 저도 참 답답하고 어렵네요. 사실 저도 실력이 미숙해 영상을 만드는 것보다 가져다 쓰는 게 오히려 퀄리티가 좋을 거라는 생각으로 영상을 가져다 쓸까 했어요. 그런데 생각해 보니 기존의 영상은 보편적인 학생을 염두에 두고 만든 것이지 우리 학교 학생들의 수준이나 특성을 고려해서 만든 것은 아니더라고요. 또 지금의 상황이 장기화될 수도 있고, 비슷한 상황이 다시 발생할 수도 있다는 생각도 한편으로 들었어요. 처음부터 잘할 순 없겠지만 조금씩이라도 만들려고 노력하다 보면 나아지지 않을까요? 같이 해봐요, 선생님.

교과 협의 및 협력

92 신규 A 교사와 같은 과목 수업을 담당하는 B 교사가 자기는 컴퓨터를 잘 모르기 때문에 A 교사가 만든 온라인 수업 영상을 자기 수업에 그대로 쓰고, 대신 학습지 제작과 출제를 맡겠다고 한다. 내가 A 교사라면, B 교사의 제안에 어떻게 대처할 것인지, 그 이유와 함께 설명하시오.(A 교사는 1학년 1반부터 4반, B 교사는 1학년 5반부터 8반을 맡고 있음)

> **예상 답변**
>
> 우선 동료 교사와 협의하여 각자 할 수 있는 영역을 구분한 뒤 맡은 역할을 책임감 있게 수행할 수 있도록 하겠습니다. 신규교사로서 동료 선생님을 돕는다는 마음으로 녹화 수업 영상 제작에 심혈을 기울이겠습니다. 교직 현장에서 서로를 통해 배우고 성장할 수 있다고 생각합니다. 녹화 영상을 제삭할 때 동툐 교사에게 수업 기획에 관해 도움을 받을 수 있고 관련 자료를 받아서 수업을 더 풍부하게 만들 수도 있을 것이라고 생각합니다. 또한 동료 교사가 학습지를 제작하고 시험을 출제할 때도 가르치는 내용에 대한 협의 과정이 필수적인 만큼 교사 간 소통할 수 있는 시간이 확대되는 긍정적인 효과가 있을 거라 기대가 됩니다. 자신이 잘할 수 있는 부분에서 교사 간 소통과 대화를 통해 합의하고 수업을 진행해나간다면 서로에게 원원이 될 수 있는 기회라고 생각합니다.

93

원격수업을 준비하는 과정에서 동교과 교사와 협업을 할 수 있는 방법을 제시하시오.

예상 답변

첫째, 교사 간 제작한 영상을 공유하며 동료 장학을 실시합니다. 실제 수업에 들어와서 대면적 관찰을 통해 진행되어야만 했던 기존 장학과 달리 영상을 제작하거나 실시간으로 진행하는 원격수업에서는 동료 교사에 의한 장학이 한층 쉬워졌으므로 영상을 통한 상호 장학은 좋은 협력이 될 것입니다.

둘째, 선생님들 간에 사용하는 프로그램이나 기기에 대한 정보를 공유하며 수업의 질을 높일 수 있습니다. 학교에서 사용 가능한 프로그램은 다양합니다. 선생님들과의 대화를 통해 서로 알고 있는 프로그램에 대한 정보를 나누면서 협업을 한다면 교과 특성에 맞는 프로그램을 사용할 수 있어 수업의 질적 제고가 될 것입니다.

셋째, 수업 자료를 제작할 때 영상 제작과 과제 제작 등을 분담하며 협업을 하는 것입니다. 온라인 수업에서 영상 제작을 통한 수업을 진행한다면 굳이 여러 명의 선생님이 영상을 따로 찍을 필요가 없이 한 선생님의 영상을 해당 학년 모든 반에 사용할 수 있습니다. 그렇기에 영상 제작에 자신 있는 선생님은 그것을 담당하고, 과제 제작에 자신이 있는 선생님은 과제를 만들거나 수업 관련 자료를 수집하는 식으로 협업을 한다면 좋은 역할 분담이 될 것입니다.

> **교사 간 의견 조율**

94

동교과 A 교사와 B 교사는 평소 수업 준비를 할 때 자신의 수업 자료를 함께 나누고 수업과 관련한 조언을 자주 주고받아 왔다. 그런데 온라인 수업이 시작되면서 A 교사는 다소 힘들더라도 자체 제작 수업을 만들자고 주장하는 반면, B 교사는 아무리 열심히 준비해도 학생들이 잘 들을 것 같지 않기 때문에 유명 강사의 강의를 활용하는 게 좋다고 주장한다. 두 교사의 주장 중 어떤 것이 더 타당하다고 생각하는지 구체적인 근거를 들어 설명하시오.

예상 답변

온라인 수업 시대가 도래하면서 온라인 수업은 뜨거운 이슈가 되었습니다. 온라인 수업을 자체 제작하는 교사들이 있는 반면 기존의 강의를 활용하는 교사들도 있습니다. 각각의 방식은 장단점을 가지고 있지만 저는 A 교사처럼 어렵고 힘들어도 직접 수업을 만들겠습니다.

그 이유는 첫째, 우리 학교 학생들에게 맞는 수업은 자체 제작한 수업이기 때문입니다. 유명 강사의 강의는 퀄리티나 설명이 좋을 수 있을지 몰라도 불특정 다수를 대상으로 하기 때문에 학교 실정에 맞는 교육이 힘들 거라 생각합니다. 다소 퀄리티가 낮고 부족한 면이 있더라도 교사가 직접 제작한 강의가 학생들의 수준에 더 가까울 것이라고 생각합니다.

둘째, 자체 제작된 강의는 학생들과의 라포르 형성에도 도움이 됩니다. 학생들의 질문 중 괜찮은 질문을 수업 영상에 다루거나,

현재 학교 상황 등 학생들과 교집합이 되는 정보들을 온라인 수업에서 나누고 소통한다면 학생들은 선생님이 자신들의 이야기에 귀기울이며 소통하고 있다는 사실을 느끼게 될 것입니다.

셋째, 교사 스스로 발전하고 성장하는 기회가 마련될 것입니다. 교사는 끊임없이 연구하고 발전하며 변화하는 직업이라고 생각합니다. 따라서 자체 제작 수업을 하면 처음에는 서툴지 몰라도 점차 나아질 것이며, 이를 통해 교사로서 직업 전문성도 더욱 높아질 것입니다.

95

새 학년이 시작되기 직전인 2월, 교장선생님이 올해 신규 발령을 받은 B 교사에게 온라인 수업은 경력과 상관없이 잘할 수 있다면서 학교 온라인 수업 준비 TF팀에 들어가 온라인 수업으로 인해 어려움을 겪는 선배 교사들을 도와달라고 부탁했다. 하지만 B 교사의 입장에서는 일 년간 온라인 수업을 경험한 선배 교사들이 더 잘 알 거라고 생각하기 때문에 부담감이 이만저만이 아니다.
내가 B 교사라면 교장선생님에게 어떻게 답할 것인지 실제 대화라고 가정하고 말해보시오.

예상 답변

교장선생님. 신규교사인 저를 학교 온라인 수업 준비 TF팀 선도교사로 지목해주셔서 정말 감사합니다. 물론 모두 온라인 수업이 처음이라 경력과 상관이 없을 수 있고, 저도 교장선생님께서 지목해주신 만큼 잘해내고 싶습니다. 그런데 저는 아직 온라인 수업을 진행해본 적이 없어서 전혀 감이 잡히지 않고 있습니다. 온라인 수업을 운영하신 선배님들께 노하우를 여쭤보고, 연수를 통해 전문성을 향상시키도록 하겠습니다. 역량을 먼저 기른 후에 선도교사로서 우리 학교의 온라인 수업 향상을 위해 열심히 해보겠습니다.

불합리한 업무 분장 대처

96 온라인 수업의 도입으로 새로운 업무가 생겨나고 역할 분담을 하기에 애매한 상황이 이어지고 있다. 현재 자신의 행정 업무가 과한 상태에서 온라인 수업으로 인해 또 다른 업무가 추가적으로 주어져 부담이 된다면 이런 상황에서 어떻게 대처할지 말하시오.

예상 답변

교사로서 책임감과 성실함은 중요한 덕목입니다. 적극적인 태도와 긍정적인 마음으로 자신이 맡은 업무를 해내는 것은 교직생활에서 무엇보다 중요한 자질이라고 생각합니다. 따라서 추가적인 업무에 대한 대처 방안은 다음과 같습니다.

첫째, 업무가 주어졌을 때 그 상황에서 제가 할 수 있는 일이라면 인내심을 갖고 다른 선생님들을 돕는다는 마음으로 즐겁게 수행할 수 있을 것입니다.

둘째, 업무가 과도하게 주어졌을 때는 현재 맡은 업무를 성실하게 수행하고 추가로 주어진 업무에 대한 분담을 요청하겠습니다. 업무 회의를 통해 원칙과 영역을 정해서 업무를 분담하는 것의 필요성을 정중하게 말씀드려보겠습니다.

셋째, 저의 직무가 아닌 부분에 대해서는 정중하게 거절하겠습니다. 관련 업무가 아닐 경우에는 맡는다고 하더라도 일의 효율성과 효과가 떨어지게 됩니다. 이에 대해 말씀드린 후 업무와 밀접하게 연관된 담당자를 안내하겠습니다.

2. 교사로서 자기계발

재택근무 효율성

97 교사로서 재택근무의 장점과 단점 및 단점을 보완하는 방안을 설명하시오.

예상 답변

교사로서 재택근무의 장점은 첫째, 편안하고 자유로운 분위기에서 업무의 효율성이 높아집니다. 시끄럽고 어수선한 분위기가 아닌, 조용하고 차분한 자신만의 공간에서 업무를 한다면 조금 더 집중적으로 일 처리가 가능할 것입니다.

둘째, 출퇴근 시간이나 에너지 소모가 적어 나머지 시간에 교과 수업 준비나 교사의 역량 개발이 가능합니다. 생각보다 출퇴근 시간이 긴 선생님들이 있는데, 출퇴근 시간의 부담이 없어지므로 그만큼의 시간과 에너지를 생산적인 일에 쏟을 수 있습니다.

반면 재택근무의 단점은 첫째, 업무 태만의 문제가 야기될 수 있습니다. 자유롭고 편안한 분위기가 허용된 반면에 통제를 받지 않다 보니 업무 시간 중에 다른 일을 하거나 업무 집중력이 크게 떨어지는 등 업무 태만의 가능성도 높아집니다. 이러한 단점을 보완하기 위해 학교 단톡방과 같은 학교 선생님들과의 실시간 소통 공간을 활용합니다. 실시간 소통 공간을 통해 업무 지시와 공유가 이루어지고 교사 개인의 책임감도 높아질 것입니다.

둘째, 실시간 수업 시 교사의 사적인 공간이 노출될 위험이 있습니다. 학교에서는 실시간 수업을 진행하여도 배경이 학교지만, 가정에서 실시간 수업을 한다면 그 배경은 교사의 사적인 공간인 집이 되므로 교사의 개인적인 삶이 노출될 수 있습니다. 이러한 문제를 해결하기 위해서는 가상 배경이 가능한 실시간 플랫폼을 사용하거나 가상 배경을 만들어주는 애플리케이션을 사용하는 방법이 있습니다.

전문성 신장

98

온라인 수업을 잘하기 위해 교사로서의 자기계발 계획과 그 이유를 4가지 말해보시오.

예상 답변

급격하게 달라진 교육 현장에서 온라인 수업의 자기계발은 선택이 아닌 필수 역량이 되었습니다. 따라서 교사로서 교원학습공동체와 교사 연수 등의 방법을 통해 다음과 같이 자기계발을 계획하고 실천하겠습니다.

첫째, 온라인 수업 연구 및 정보의 리터러시를 배울 것입니다. 오늘날 우리는 방대한 양의 정보 속에서 오히려 필요한 정보를 적절하게 찾기 어려운 정보 과잉 시대를 살고 있으므로 정보 리터러시가 매우 중요합니다. 온라인 수업 준비를 위해 여러 플랫폼·애플리케이션·장비에 대한 정보를 모아 정리하고, 다양한 수업 관련 자료를 유튜브·인터넷 강의·교과서 등에서 수집하여 자신만의 정보망을 구축해 보겠습니다.

둘째, 비판적 사고력, 문제 해결력과 의사결정 능력을 배울 것입니다. 그 이유는 수업 제작에 필요한 정보를 찾은 후 교사가 해야 할 일은 정보에 대한 가치 판단이기 때문입니다. 자신이 찾은 정보 중에 허위 사실이나 불확실한 정보가 포함될 수도 있으므로 수집한 정보를 비판적으로 바라보고 정보를 적절하게 활용하여 문제를 해결하는 등 비판적 사고력, 문제 해결력, 의사 결정 능력을 기르도록 하겠습니다.

셋째, 창의성 및 혁신성을 기르겠습니다. 그 이유는 정보를 검색하고 분류한 후 비판적으로 검토하는 단계까지 마쳤다면 이제는 이를 적절하게 가공하여 결과물을 만들어야 하기 때문입니다. 따라서 온라인 수업 영상을 직접 제작하고, 다양한 애플리케이션을 사용해 학습 자료를 만드는 등의 실질적인 노력을 하겠습니다.

넷째, 디지털 시민의식을 기르겠습니다. 그 이유는 법과 질서가 우리의 일상을 지켜주는 것처럼 안전한 온라인 수업 활동을 위해 사이버상의 법과 질서 또한 반드시 준수해야 하기 때문입니다. 또한 콘텐츠 소비자 역할을 넘어 제작자로서의 역할을 감당해야 하는 지금, 디지털 시민의식을 기르는 것이 온라인 수업을 잘하기 위한 첫걸음이라고 생각합니다.

> **방학 계획**

99

해외 여행이 어려운 시기에 신규 교사가 된다면 처음으로 보내는 여름방학과 겨울방학을 어떻게 보낼지 설명하시오.

> **예상 답변**

첫째, 다양한 연수를 통해 학교 업무에 적용할 수 있는 방법들을 배우고 익히겠습니다. 학교 현장에서 필요한 교직 실무 등에 관한 연수를 통해서 학교 전반에 대해 이해하는 시간을 갖겠습니다.

둘째, 학급 경영 노하우를 익히는 시간을 갖겠습니다. 교사는 학생들을 관리하는 것을 넘어서 기술적·정서적인 부분에서도 노력이 필요하므로 학급 경영을 잘할 수 있는 방법들을 생각해보고 연구하는 시간을 갖겠습니다.

셋째, 교수·학습 방법에 대해 고민하는 시간을 갖겠습니다. 교사는 수업을 통해 성장한다고 믿습니다. 수업을 잘할 수 있는 방법들을 찾아보고 학생들에게 의미 있는 교육을 할 수 있는 다양한 교수법에 대해 공부하는 시간을 갖겠습니다.

넷째, 교직 활동과 관련된 전문 서적과 다양한 분야의 지식을 쌓을 수 있는 폭넓은 독서를 하겠습니다. 단순히 책을 읽는 것으로 끝내는 것이 아니라 독서토론 모임에 참여하여 다양한 의견을 경청하며 타인에 대한 이해를 넓히는 시간을 갖겠습니다.

다섯째, 방학 중 가정환경 문제 등으로 교사의 보살핌이 필요하다고 판단되는 학생들에게는 따로 연락하고 관심을 가져 소속감과 애정을 느낄 수 있도록 노력하겠습니다.

3. 학생 지원

> 학생 상담

100 온라인 수업이 장기화되면서 학습된 무기력이 깊어지는 학생과 상담을 진행할 때 필요하다고 생각하는 지도 방법을 제시하시오.

> 예상 답변

첫째, 학생의 현재 상황을 파악하기 위해 실시간 온라인 프로그램을 이용하여 상담을 실시하겠습니다. 온라인 상황이라고 해도 학습된 무기력에 대한 교정은 똑같다고 생각합니다. 학생이 반복적으로 느끼는 무기력의 시작 지점이 있을 것이고 어디서 학습에 어려움을 겪게 되었는지 그 지점을 진단한다면 문제를 해결하는 방향을 잡을 수 있을 것입니다.

둘째, 학교에서 진행하는 개별화 프로그램을 지원하도록 하겠습니다. 학교에는 교내 개별화 프로그램이 있습니다. 이런 활동을 지원한다면 원격과 등교를 병행하면서 학습에 대한 자신감을 고취할 수 있을 것입니다.

셋째, 학교 위클래스의 상담 선생님에게 도움을 요청하겠습니다. 학습화된 무기력은 공부에 대한 문제뿐만 아니라 심리·정서적인 문제까지 병행되기 때문에 위클래스 선생님의 도움을 받아 학생이 좀 더 빨리 무기력을 벗어날 수 있게 도울 것입니다.

넷째, 교육청에서 운영하는 학습 도움 프로그램을 진행하겠습니다. 'Only one, Only you'나 '일대일 서포터즈'와 같이 시교육청에서 지원해주는 프로그램들은 원격으로도 진행이 가능하기 때문에 학생의 학습화된 무기력을 극복하는 데 도움이 될 것입니다.

책을 읽으면서 궁금한 점이나 나누고 싶은 의견이 있는 독자분들은 이곳에 의견을 남겨주시기 바랍니다. 저자들이 직접 확인하고 답변드리겠습니다. 감사합니다.

예비 교사를 위한 온라인 수업 100문 100답
현직 교사들이 알려주는 임용고시 면접비책

1판 1쇄 발행 2020년 11월 30일
1판 2쇄 발행 2022년 1월 10일

지은이	고유라, 김동욱, 박광한, 신윤정, 이지영
펴낸이	한기호
책임편집	여문주
편집	오선이, 서정원, 박혜리
본부장	연용호
마케팅	윤수연
경영지원	김윤아
디자인	천병민
펴낸곳	(주)학교도서관저널
출판등록	제2009-000231호(2009년 10월 15일)
주소	서울시 마포구 동교로 12안길 14(서교동) 삼성빌딩 A동 3층
전화	02-322-9677
팩스	02-6918-0818
전자우편	slj9677@gmail.com
홈페이지	www.slj.co.kr

ISBN 978-89-6915-090-5

책값은 뒤표지에 적혀 있습니다.